KB059517

사회학의 기초개념

Soziologische Grundbegriffe

Max Weber

사회학의 기초개념

Soziologische Grundbegriffe

막스 베버 지음

이상률 옮김

문예출판사

머리말

　서두를 장식할 이 개념 정의는 어쩔 수 없이 추상적이기 때문에 현실과 거리가 멀다는 인상을 주지만, 개념 정의는 반드시 필요하다. 그렇다고 해서 이 개념 정의 방법이 새롭다고 주장하는 것은 결코 아니다. 오히려 반대로 이 방법이 바라는 것은 다음과 같은 점뿐이다. 즉 모든 경험사회학이 동일한 사항에 대해 말할 때, 그 사회학이 실제로 의미하는 바를―바라건대―좀 더 적절하고 정확한 표현방식으로 공식화하는 것이다(물론 이 때문에 현학적이라는 인상을 줄지도 모른다). 따라서 익숙하지 않거나 새로운 것처럼 보이는 표현들이 사용될 때에도 그런 인상을 줄 수 있다. 여기에서 사용된 용어는 〈로고스Logos〉지 제4권[1913년, 253쪽 이하(《과학론 논문집Gesammelte Aufsätze zur Wissenschaftslehre》, 제4판 427쪽 이하)]에 발표한 나의 논문[1]에 비해 가능한 한 잘 이해될 수 있도록 하기 위해 최대한 단순화했으며, 따라서 용어를 여러 번에 걸쳐 수정했다. 물론 개념을 어떻게든 평이하게 하고 싶은 욕구와 최대한 명확하게 하고 싶은 욕구는 항상 일치하지는 않으므로, 경우에 따라서는 개념을 평이하게 하고 싶은 욕구를 포기해야 한다.

"이해Verstehen" 개념에 대해서는 카를 야스퍼스Karl Jaspers[2]의 《정신병리학 총론Allgemeine Psychopathologie》을 참조하라[《자연과학적 개념 구성의 한계Grenzen der naturwissenschaftlichen Begriffsbildung》(1913, 514~523쪽) 제2판에서 하인리히 리케르트Heinrich Rickert[3]의 몇 가지 소견, 그리고 특히 《역사철학의 문제Probleme der Geschichtsphilosophie》에서 게오르크 지멜Georg

---

1 〈이해사회학의 몇 가지 범주에 대하여Über einige Kategorien der verstehenden Soziologie〉.
2 독일의 철학자(1883~1969). 법률가인 아버지의 영향으로 처음에는 하이델베르크 대학에서 법학을 공부했지만, 법학이 자신의 적성에 맞지 않는다고 생각하고는 1902년에 의학으로 전공을 바꾸었다. 1909년 의대를 졸업한 후 하이델베르크 정신병원에서 일하기 시작했다. 한편 그는 당시의 정신의학자들이 정신질환을 다루는 방식에 불만을 품고, 스스로 정신의학의 방법론을 개척했다. 《정신병리학 총론》은 1913년에 출간되었으며, 이후 총 여섯 차례에 걸쳐 수정 증보가 이루어졌다. 이 책은 정신 영역의 무수한 현상과 증상을 이해하는 데 필요한 체계적인 지식과 방법론을 제시한 저작으로 평가받고 있다.
3 독일의 철학자(1863~1936). 빌헬름 빈델반트Wilhelm Windelband와 함께 신칸트주의 서남西南독일학파(바덴학파)의 대표자이다. 인식 대상의 세계를 자연의 세계와 문화의 세계로 나누었으며, 자연과학의 보편화 방법에 대하여 문화과학의 개성화 방법이라는 특수성을 강조했다. 또한 문화과학 영역에서는 개별 현상에 대한 단순한 기술記述에 머무르지 않고 현상들 간 개별적인 인과연관에 대한 인식가능성까지 논의했다. 이러한 문화과학 방법론은 막스 베버의 과학론에도 큰 영향을 미쳤다.

Simmel[4]의 발언도 참조하라]. 방법론에 대해서는 전에도 여러 번 언급했지만, 나는 여기서도 프리드리히 폰 고틀-오틀릴린펠트Friedrich von Gottl-Ottlilienfeld[5]가 그의 저서《말의 지배Die Herrschaft des Wortes》에서 보여준 방식을 참조하라고 말하고 싶다. 물론 이 책은 다소 이해하기 어렵게 쓰였고 도처에서 사고가 일관되지 못했다. 내용에 관해서는 무엇보다도 페르디난트 퇴니에스Ferdnand Tönnies[6]의 훌륭한 저서《공동체와 이익사회Gemeinschaft und Gesellschaft》(1912)를 참조하기 바란다. 그 이외에도 우리를 아주 그릇된 방향으로 끌고 가는 루돌프 슈탐러Rudolf Stammler[7]의《유물사관에 의한 경제와 법Wirtschaft und Recht nach der materialistischen Geschichtsauffassung》과 이 책에 대한 나의 논평도 참조하라. 나의 논평은《사회과학과 사회정책 논총Archiv für Sozialwissenschaften und Sozialpolitik》제24권[1907(《과학론 논문집》제4판, 291쪽 이하)]에 있다. 나의 논문에는 이미 여러 가지 점에서 앞으로 전개될 논의의 기초가 들어 있다. 나의 방법은 (《사회학Soziologie》과《돈의 철학Philosophie des Geldes》에서 지멜이 보여준) 그의 방법과는 다르다. 나는 **주관적으로 생**

---

4   독일의 철학자이자 사회학자(1858~1918). 철학에서는 프랑스의 앙리 베르그송Henri Bergson 등과 함께 생철학을 주장했으며, 사회학에서는 사회화의 형식을 그 내용으로부터 분리시켜 독자적인 대상으로 삼은 형식사회학을 제창했다.

5   독일의 국가학자이자 경제학자(1868~1958).《말의 지배》는 1901년에 발표한 저작이다.

6   독일의 사회학자(1855~1936). 1881년 킬 대학에서 무급 강사가 되었는데, 그곳에서 처음에는 경제학과 통계학을 가르쳤다. 1921년에 사회학과 교수가 되었으나, 1933년에 나치즘과 반유태주의를 공격했다는 이유로 교수직을 박탈당했다.

7   독일의 법철학자(1856~1938). 신칸트파의 법철학을 수립한 대표자로 유물사관을 비판했다.《유물사관에 의한 경제와 법》은 슈탐러가 1896년에 출간한 저작이다.

각한gemeinten "의미"와 객관적으로 **타당한**gültigen "의미"를 될 수 있는 대로 구분하기 때문이다. 반면, 지멜은 이 두 가지를 항상 구분하지 않을 뿐만 아니라, 많은 경우 의도적으로 그 둘을 서로 뒤섞는다.

차 례

일러두기

* 이 책은 막스 베버Max Weber가 쓴 《경제와 사회Wirfschaft und Gellschaft》(J. C. B.
  Mohr, Tubingen, 1985, 제5판) 제1부 〈사회학적 범주론〉의 제1장 〈사회학의 기초
  개념Soziologische Grundbegriffe〉을 번역한 것이다.
* 옮긴이의 주는 모두 각주로 처리했으며, 본문 속〔 〕은 옮긴이가 글의 이해를 돕
  기 위해 넣은 것이다.

§1

사회학의 개념과 사회적 행위의
"의미"의 개념

    사회학이란 (이 말은 매우 다양한 뜻으로 사용되고 있는데, 여기서 정의하는 의미로는) 사회적 행위를 해석하고 이해하면서 그 행위의 경과와 결과를 인과적으로 설명하려고 하는 학문이다. 이때 "행위"란 행위자 또는 행위자들이 자신의 행동을 어떤 주관적인 **의미**와 결부시킬 때 또 결부시키는 한에서의 인간의 행동이다(그것이 외면적인 행동이든 내면적인 행동이든, 단념이든 참는 것이든 상관없다). 그러나 "사회적" 행위란 행위자 또는 행위자들이 주관적으로 생각한 의미에 따라 **다른 사람들**의 행동과 연관되고, 이로 인해 행동의 경과에 따라 방향이 정해지는 그러한 행위를 말한다.

1) 방법의 기초

(1) 여기서 "의미"란 [행위자 또는 행위자들이] 주관적으로 **생각한** 의미이다. 이 주관적으로 생각한 의미는 다음 둘 중 하나이다. ① 하나는 실제로 생각한 의미인데, 이것은 다시 두 가지 경우로 나눌 수 있다. α. 역사상의 어떤 경우에 한 행위자가 주관적으로 생각한 의미이거나, β. 임의의 많은 경우에 행위자들이 평균적으로 또 대략적으로 생각한 의미이다. ② 또 하나는 개념적으로 구성된 **순수한** 유형에서 행위자가, 또는 전형적이라고 **상정된** 행위자들이 주관적으로 생각한 의미이다. 이 의미는 결코 객관적으로 "옳은" 의미나 형이상학적으로 규명된 "진정한" 의미가 아니다. 여기에 행위에 대한 경험과학(사회학과 역사학)과 자신의 연구대상에서 "옳고" "타당한" 의미를 탐구하려고 하는 모든 교의적인 학문(법학, 논리학, 윤리학, 미학) 간의 차이가 있다.

(2) 의미를 내포한 행위와 단순히 (여기서는 이렇게 말하고 싶다) 반사적인 행동 (즉 주관적으로 생각한 의미를 수반하지 않은 행동) 간의 경계는 완전히 유동적이다. 사회학적으로 중요한 모든 행동 중 매우 큰 부분, 특히 순전히 전통적인 행위(아래를 참조하라)는 그 둘의 경계선에 있다. 많은 경우의 정신물리학적 과정에는 의미를 내포한 행위, 즉 이해할 수 있는 행위가 거의 없다. 이해할 수 있는 행위가 존재한다 하더라도 전문가들만이 그 의미를 이해할 수 있다. 신비한 과정, 따라

서 말로는 적절하게 전달할 수 없는 과정은 그러한 체험에 감수성이 없는 사람으로서는 이해할 수 없다. 그러나 다른 사람이 한 것과 똑같은 행위를 스스로 할 수 있는 능력이 이해가능성의 전제조건은 아니다: "케사르Cäsar를 이해하기 위해 우리 스스로가 케사르가 될 필요는 없다." 완전한 "추제험가능성Nacherlebbarkeit"은 〔다른 사람의 행위를〕 명백하게 이해하는 데 중요하긴 하지만, 의미를 해석하는 데에는 반드시 필요한 조건이 아니다. 하나의 행동이라도 그 과정에는 이해할 수 있는 요소와 이해할 수 없는 요소가 종종 섞여 있고 또 결합되어 있다.

(3) 모든 과학이 대체로 그렇듯 모든 해석은 "명증성"을 추구한다. 이해의 명증성은 ① 합리적인 (그렇다면 논리적이거나 수학적인) 성격의 것이거나, 아니면 ② 감정을 이입해 추체험하는 (감정적이며 예술가적 감수성에 따른) 성격의 것일 수 있다. 행위 영역에서 합리적으로 명증한 경우는 무엇보다도 그 행위가 지닌 의미맥락이 남김없이 그리고 투명하게 **지적으로** 이해되었을 때이다. 감정을 이입해서 행위를 명증하게 이해하는 경우는 그 체험된 **감정맥락**이 완전히 추체험될 때이다. 그러므로 최고도로 합리적인 이해가 가능한 경우, 다시 말하면 여기서 직접적이고 명확하게 지적으로 그 의미를 파악할 수 있는 경우는 무엇보다도 수학적인 진술이나 논리적인 진술에서 서로 연결되어 있는 의미맥락이다. 예를 들어 누군가가 사고과정이나 논증과정에서 2×2=4나 피타고라스 정리를 사용한다면, 또는 그가 논리

적인 연결추리를—우리의 사고습관에 따라—"올바르세" 수행힌다
면, 우리는 그것이 의미하는 바를 아주 명확하게 이해한다. 그가 우
리에게 잘 "알려진" 것으로 여겨지는 "경험적 사실"과 주어진 목적을
고려하면서 자신이 사용할 "수단"의 종류에 대해 (우리의 경험에 따라)
명확하게 도출되는 결론을 행위로 옮길 때에도 마찬가지이다. 이처
럼 합리성을 지향하는 목적 행위에 대한 해석은—사용된 **수단**을 이
해하는 데—최고도의 명증성을 갖고 있다. 그러나 우리는 또한 우
리 자신이 빠질 수 있는 "오류"("문제의 얽힘"을 포함해서)나 그 발생이
감정이입을 통해 추제험될 수 있는 "오류"도 이해한다. 앞의 경우처
럼 명증하게는 아니더라도 설명에 대한 우리의 욕구를 충분히 만족
시킬 수 있는 만큼은 명증하게 말이다. 이에 반해 경험으로 미루어보
면, 인간의 행위가 지향하는 많은 궁극적인 "목적"과 "가치"를 우리
가 완전히 명증하게 이해할 수 없는 경우도 매우 자주 있다. 우리는
그 목적이나 가치를 경우에 따라서는 지적으로 파악할 수 있다. 그러
나 다른 한편으로 그것들이 우리 자신의 궁극적인 가치와 근본적으
로 다르면 다를수록 감정이입적 상상을 통해 **추체험하며** 이해하기
가 더욱더 어렵다. 그럴 때에는 해당 경우의 사정에 따라 그 목적이
나 가치를 단지 **지적으로**만 해석하는 것에 만족해야 하며, 또는 그렇
게 하는 데 성공하지 못할 경우 사정에 따라서는 그 목적이나 가치
를 단순히 주어진 것으로 받아들여야 한다. 이렇게 하면 우리는 최대
한 지적으로 해석하는 관점이나 가능한 한 감정이입을 통해 대략적
으로 추체험하는 관점에서, 그 목적이나 가치에 의해 유발된 행위의

14

경과를 이해할 수 있다. 예를 들어 많은 종교의 대가大家와 박애의 대가가 이룩한 업적은 이런 것에 둔감한 사람들에게는 그러한 방식으로밖에 접근할 수 없다. 극단적으로 합리주의적인 광신("인권")도 이런 조준점을 근본적으로 거부하는 사람들에게는 마찬가지로 그러한 방식으로밖에 접근할 수 없다. 실제 감정(불안, 분노, 야심, 시기, 질투, 사랑, 열광, 교만, 복수심, 경건, 헌신, 모든 종류의 욕망)과 이런 감정에서 나오는 (합리적인 목적 행위에서 볼 때) 비합리적인 반응을 우리는 감정적으로 더욱더 명백하게 추체험할 수 있다. 우리 자신이 그런 감정을 느낄 수 있는 정도가 크면 클수록 그렇다. 그러나 이 경우 그 감정의 강도가 비록 우리 자신의 체험 능력을 완전히 넘어선다 할지라도 우리는 감정이입을 통해 그 의미를 이해할 수 있다. 또한 우리는 그런 감정이 행위의 방향과 수단에 미치는 영향을 지적으로 추정할 수 있다.

그런데 **유형**을 구성하는 과학적인 고찰에서, 행위에 영향을 주는 비합리적이고 정서에 따라 야기된 행동의 모든 의미맥락을 가장 잘 조망할 수 있는 방법은 해당 행위가 순전히 목적합리적으로 진행되었을 경우를 상정하고, 앞서 말한 비합리적인 의미맥락을 그것으로부터의 "일탈"로 보는 것이다. 예를 들어 "주식시장의 공황 상태"를 설명할 경우 우선 다음과 같은 점을 확인하는 것이 목적에 맞다: 비합리적인 정서의 영향이 **없었다면** 행위는 어떻게 진행**되었을까**? 이 경우 비합리적인 요소들은 "교란 요인"으로 해석된다. 마찬가지로 정치행동이나 군사행동을 설명하는 경우에도 우선 다음과 같은 점을 확인하는 것이 목적에 맞을 것이다: 공동참여자들의 모든 사정과 의도를 알 경우 그리고 우리에게 타당해 보이는 경험 지식에 따라 엄격하게 목적합리적으로 수단을 선택했을 경우, 행위는 어떻게 진행 **되었을까**? 이렇게 할 때만, 그 일탈을 이것을 야기한 비합리적인 요인들에 인과적으로 귀속시킬 수 있다. 따라서 사회학의 이 경우에서 엄격하게 목적합리적인 행위의 구성은 이 구성물의 명증한 이해가능성과 명확성─이것은 합리성의 속성이다─때문에 **유형**("이념형")으로 사용된다. 이는 모든 종류의 비합리성(정서, 오류)에 영향받은 실제 행위를 순전히 합리적인 행동에서 기대할 수 있는 진행경로로부터의 "일탈"로 이해하기 위해서이다.

이러한 한에서 그리고 이처럼 방법상 유용하다는 이유에서만 "이해"사회학의 방법은 "합리주의적"이다. 그러나 이러한 방법을 사회학의 합리주의적 편견으로 당연하게 이해해서는 안 되며, 단지 방법상의 수단으로만 이해해야 한다. 다시 말해, 합리적인 것이 우리의 삶을 사실상 지배한다는 믿음으로 새롭게 해석해서는 안 된다. 왜냐하면 현실에서 행위의 목적에 대한 합리적인 숙고가 **실제** 행위를 얼마나 규정하는지, 또 얼마나 규정하지 못하는지에 대해서는 어떤 판단도 해서는 안 되기 때문이다(부적절한 곳에서 합리주의적인 해석이 행해질 위험이 있다는 점은 부인할 수 없다. 유감스럽게도 모든 경험은 그러한 위험이 있다는 것을 증명하고 있다).

(4) 행위를 다루는 모든 과학에서, 의미가 들어 있지 않은 과정과 대상은 인간 행위의 계기, 결과, 촉진 또는 저지의 요인으로서 고려

대상이 된다. "의미가 들어 있지 않다sinnfremd"는 말은 "생명이 없는" 또는 "인간이 아닌"과 똑같은 것이 아니다. 모든 인공물, 예를 들어 "기계"는 오로지 인간 행위가 (아마도 매우 다양한 목표를 위해) 이 인공물을 제조하고 사용할 때 부여하는 (또는 부여하려고 한) 의미로만 해석하고 이해할 수 있다. 그러므로 그 의미를 고려하지 않으면, 기계는 전혀 이해할 수 없는 상태가 된다. 기계에서 이해할 수 있는 것은 인간의 행위와 기계의 연관성이다. 이 연관성은 "수단"으로서의 연관성일 수도 있고, "목적"으로서의 연관성일 수도 있다. 행위자 또는 행위자들은 그 기계를 "수단" 또는 "목적"으로 염두에 두고서 자신들의 행동을 그것에 맞추었기 때문이다. 대상에 대한 이해는 **단지** 이러한 범주 안에서**만** 이루어질 뿐이다. 이에 반해 주관적으로 생각한 의미내용이 없는 모든—생명이 있든 없든, 인간과 관계가 있든 없든—과정이나 상황은 의미와 무관한 상태에 있다. 그 과정이나 상황이 행위에 대한 "수단"과 "목적"의 관계에 들어가지 **않고** 단지 행위의 계기, 촉진이나 저지의 요인임을 나타내는 한에서 그렇다. 13세기 말 (1277년)에 일어난 돌라르트Dollart만[1]의 범람은 상당한 역사적 결과를 지닌 특정한 이주과정을 일으켰기 때문에 (아마도!) "역사적으로 중대한" 의의를 갖고 있을 것이다. 어린아이의 무기력한 상태에서 나이 많은 노인의 그것에 이르기까지, 대체로 생명의 유기적 순환은 당연

---

1 독일 북서부를 흐르는 엠스강 후미의 서쪽에 넓게 형성된 만灣으로 네덜란드 북부와 독일의 경계를 이룬다.

히 일급의 사회학적 의의를 갖고 있다. 왜냐하면 인간 행위는 그러한 사태에 대해 다양한 방식으로 입장을 취해왔고 또 취하고 있기 때문이다. 또 다른 범주를 형성하는 것은 심리적 또는 심리생리적 현상들(피로, 연습, 기억 등 그리고 가령 특정한 형태의 고행에서 얻어지는 전형적인 도취 상태, 자극의 속도, 종류, 명확성에 따른 반응방식의 전형적인 차이 등)의 진행경과에 대한 이해할 수 없는 경험법칙들이다. 그러나 결국 위 상황은 이해할 수 없는 다른 상태의 경우와 똑같은 것이다: 이해 방법을 사용하는 고찰은 실제 행위자와 마찬가지로 그런 상태를 고려해야 할 "자료"로 받아들인다.

그런데 장래의 연구가 의미상 특수한 행동에서 이해할 수 **없는** 규칙도 발견할 가능성은 있다. 아직까지는 그렇지 않지만 말이다. 사회학은 예를 들어 ("인종의") 생물학적 유전에서의 차이를—유전이 사회학적으로 중요한 행동, 특히 사회적 행위의 **의미**연관 방식에 영향을 미친다는 사실이 통계적으로 설득력 있게 증명될 때, 또 그런 한에서는—기정사실로 받아들일 것이다. 가령 영양물에 대한 요구방식, 또는 노화가 행위에 미치는 영향과 같은 생리학적 사실들도 기정사실로 받아들일 것이다. 물론 이러한 사실들의 인과적 의의를 인정한다고 해서 의미지향적인 행위를 해석하면서 이해하는 사회학의 과제(그리고 행위에 관한 과학 일반의 과제)가 바뀌는 것은 전혀 아니다. 왜냐하면 사회학은 이해되게끔 해석할 수 있는 행위의 동기맥락의 특정 지점에 이해할 수 없는 사실들(가령 두개골 지수, 피부색이나 어떤 다른 생리학적 유전형질이 특정한 행위목표의 빈도수, 행위의 전형적인 합리성의 정도 등과 가지는 전형적인 연관성)을 끼워 넣을 뿐이기 때문이다.

(5) 이해는 ① 어떤 행위(표현을 포함해서)의 주관적인 의미를 **실제로** 이해하는 것을 뜻할 수 있다. 우리는 예를 들어 2×2=4라는 문장을 듣거나 읽으면 그 의미를 실제로 "이해"하며(사고의 합리적인 실제적 이해), 또는 얼굴 표정, 감탄사, 비합리적인 동작에서 나타나는 분노 폭발도 실제로 "이해"한다(정서의 비합리적인 실제적 이해). 또는 벌목꾼의 행동, 문을 닫으려고 손잡이를 잡는 사람의 행동, 총으로 짐승을 겨냥하는 사람의 행동도 우리는 실제로 "이해"한다(행위의 합리적인 실제적 이해). 그러나 이해는 또한 ② **설명적** 이해를 뜻할 수 있다. 2×2=4라는 문장을 말하거나 쓴 사람이 상인으로서의 계산, 과학적 논증, 기술적 계산 또는 어떤 다른 행위를 하는 것을 보면, 우리는 그가 바로 지금 그리고 그 맥락에서 어떤 의미로 그렇게 하는지를 동기 차원에서 "이해"한다. 그 문장은 우리가 이해할 수 있는 의미에 따라 특정한 맥락에 "속한다". 말하자면, 그 문장은 우리가 이해할 수 있는 의미**맥락**을 얻는다(합리적인 동기 이해). 우리는 벌목이나 총의 겨냥을 실제로 이해할 뿐만 아니라 동기 차원에서도 이해한다. 벌목꾼이 보수를 받고 나무를 패는지 또는 자신이 쓰기 위해 혹은 기분전환을 위해(합리적인 동기) 나무를 패는지, 아니면 "흥분을 진정시키기 위해" 나무를 패는지(비합리적인 동기)를 우리가 알게 된다면 말이다. 또한 총을 쏘는 사람이 명령에 따라 사형을 집행하기 위해 총을 쏘는지 또는 적과 싸우기 위해 총을 쏘는지(합리적인 동기) 아니면 복수하

기 위해서(정서적인 동기, 즉 이런 의미에서는 비합리석인 동기) 그렇게 하는지를 우리가 알게 된다면 말이다. 끝으로, 만일 분노가 질투심, 상처받은 허영심, 명예훼손에서 기인된 것임을 알게 된다면, 우리는 이 분노를 동기 차원에서 이해하게 된다(정서에 의해 유발되었으므로 비합리적인 동기 차원). 이 모든 것은 이해할 수 있는 **의미맥락**인데, 이 맥락에 대한 이해를 우리는 행위의 실제 과정에 대한 **설명**으로 간주한다. 그러므로 행위의 의미를 다루는 과학에서 "설명"이란 주관적으로 생각한 의미에 따라서 실제로 이해할 수 있는 행위가 속해 있는 의미**맥락**을 파악하는 것을 뜻한다("설명"의 인과적 의의에 대해서는 아래의 (6)을 보라). 이 모든 경우에서 또한 감정적인 사건에서도 우리는 사건과 의미맥락의 주관적인 의미를 "생각한" 의미라고 부르고자 한다(따라서 이 점에서 우리는 통상적인 언어관습에서 벗어난다. 왜냐하면 우리가 여기서 이해하는 "생각하다"라는 말은 흔히 합리적이며 특정 목적을 의도한 행위에만 사용되기 때문이다).

(6) 이 모든 경우에서 "이해"란 ① 개별 사례에서 실제로 생각한 (역사적 고찰의 경우) 의미나 의미맥락을 해석해서 파악하는 것을 말한다. 또는 ② 평균적으로 또는 대략적으로 생각한 (사회학적 집단관찰의 경우) 의미나 의미맥락을 해석해서 파악하는 것을 말한다. 또는 ③ 어떤 빈번한 현상의 **순수한** 유형(이념형)을 얻기 위해 과학적으로 구성하는 ("이념형적인") 의미나 의미맥락을 해석해서 파악하는 것을 말한다. 예를 들어 순수한 경제학 이론에 의해 정립된 개념과 "법칙"은 이

러한 이념형적 구성물이다. 이 구성물은 다음과 같은 것을 서술한다. 즉 특정한 성격의 인간 행위가 오류와 감정에 방해받지 않고 엄격하게 목적합리성을 지향**한다면**, 더 나아가 아주 명확하게 단 **하나의** 목적(경제)만을 지향**한다면**, 그 행위가 어떻게 진행될 것인지를 서술한다. 실제 행위는 드문 경우(증권거래소)에만 그리고 이 경우에도 예외적으로만 이념형에서 구성된 대로 진행된다[이러한 구성물의 목적에 대해서는 다음에 있는 나의 논문들을 보라. 《사회과학 및 사회정책 논총Archiv für Sozialwissenschaft und Sozialpolitik》XIX 64쪽 이하(《과학론 논문집》 제4판 190쪽 이하) 그리고 아래의 (11)을 보라].

　모든 해석은 명증성을 추구한다(위의 (3)을 보라). 그러나 의미상 아무리 명증한 해석이라 하더라도 그 자체로는, 그리고 명증하다는 성격 때문에 또한 그 해석이 인과적으로 **타당한** 해석이기도 하다고는 주장할 수 없다. 모든 해석은 언제나 그 자체로는 단지 특별히 명증한 하나의 인과적 **가설**일 뿐이다. ① 핑계로 삼은 "동기"와 "억압"(말하자면, 우선적으로 자인하지 않은 동기)은 흔히 바로 행위자 자신에게조차 자신의 행위가 노리는 목표의 실제적인 맥락을 은폐한다. 따라서 주관적으로 솔직한 자백이라도 상대적인 가치밖에 갖지 못한다. 이 경우 사회학은 그 실제적인 맥락을 발견해 해석해서 확인하는 것을 과제로 삼는다. 비록 행위자가 이 맥락을 구체적으로 생각한 것으로 의식하지 못하거나 또는 대부분 완전히 의식하지는 못하지만 말이다. 이것은 의미해석의 특수한 경우이다. ② 행위의 외적 과정이 우리에게는 "동일한" 것으로 또는 "비슷한" 것으로 보일지라도, 행위자나 행위자들에게는 지극히 상이한 의미맥락이 외적 과정의 기초를 이룰 수 있다. 그러므로 우리가 서로 "동일한 성격"이라고 간주하는 상황들에서 사람들이 서로 다른 행위를 해도, 때로는 의미상 정반대되는 행위를 해도 우리는 이 행위를 "이해"한다(지멜의 《역사철학의 문제》에 예들이 있다). ③ 행위 하는 인간들은 주어진 상황에 대해서 매우 자주 서로 싸우는 정반대의 동기들을 드러내지만, 우리는 그것들을 모두 "이해"한다. 그러나 "동기투쟁" 속에 있으며 우리에게는 서로 **똑같이** 이해될 수 있는 다양한 의미연관성이 상대적으로 얼마나 **강하게** 행위로 표현되곤 하는지는—모든 경험으로 미루어볼 때—결코 대략적으로라도 평가할 수 없는 경우가 아주 많다. 그리고 그것은 통상적으로는 확실하게 평가할 수 없다. 동기투쟁의 실제적인 결과만이 이에 대한 정보를 준다. 그러므로 납득이 가는 의미해석을 결과, 즉 실제적인 진행의 결말을 통해 검증하는 것은 모든 가설의 경우처럼 필수불가결하다. 이러한 검증은 유감스럽게도 심리학적 실험에서 소수의 경우에만, 그것도 그 검증에 적합한 매우 특별한 경우에만 비교적 정확하게 행해질 수 있다. 또한 통계를 통해 계량화할 수 있고 그 인과귀속이 명백한 대량적인 현상의 (마찬가지로 제한된) 경우 그 검증은 근사치밖에 얻을 수 없는데, 이 근사치의 정확성은 지극히 다양하다. 그 외에는 역사적인 삶 또는 일상적인 삶의 가능한 한 많은 현상을 비교하는 수밖에 없다. 다시 말하면, 다른 점에서는 동일한 성격을 지녔지만 결정적인 **한** 가지 점, 즉 매번 그 실제적인 중요성에 입각해서 조사된 "동기"나 "계기"라는 점에서는 서로 다른 성격을 지닌

22

현상들을 비교하는 수밖에 없다. 그리고 이것은 비교사회학의 중요한 과제이다. 물론 인과귀속에 도달하기 위해서는 유감스럽게도 때때로 "사고실험"이라는 불확실한 수단을 사용하는 수밖에 없다. "사고실험"이란 동기화 연쇄의 몇몇 요소를 없는 것으로 **생각하고는** 해당 현상의 있을 법한 진행과정을 구성하는 것이다.

예를 들어 소위 "그레셤의 법칙"[2]이란 특정한 조건에서 그리고 순전히 목적합리적인 행위의 이념형을 전제로 해서 제시된 것으로, 인간 행위에 대한 합리적으로 명증한 해석이다. **실제로** 사람들이 얼마나 이 법칙에 따라 행동하는지를 가르쳐줄 수 있는 것은 오로지 경험뿐이다. 즉 화폐제도하에서 그때마다 너무 낮게 평가된 주화 종류가 유통에서 실제로 사라지는 것에 대한 (결국 원칙적으로는 어떻게든 "통계적으로" 표현될 수 있는) 경험뿐이다: 그 경험은 실제로 그레셤의 법칙이 매우 포괄적으로 타당하다는 것을 보여준다. 그런데 사실 이 법칙의 인식과정은 다음과 같았다. 즉 **우선은** 경험적 관찰이 있었으며, 그다음에 해석이 이루어졌다. 이러한 성공적인 해석이 없었다면, 인과적 해석에 대한 우리의 욕구는 분명히 충족되지 못했을 것이다. 그러

---

2 영국의 금융업자 토머스 그레셤Thomas Gresham(1519~1579)이 "악화惡貨는 양화良貨를 구축한다"고 주장하면서 생겨난 말이다. 그레셤의 법칙은 서로 실질가치가 다른 두 가지 이상의 화폐(예를 들면 금화와 은화)가 동일한 명목가치를 갖고 유통될 때 귀금속으로서의 가치가 큰 금화, 즉 양화는 용해, 저장, 수출 등으로 시장에서 자취를 감추는 반면에 귀금속으로서의 가치가 낮은 은화, 즉 악화만 시장에서 유통된다는 법칙이다.

나 다른 한편으로 사고를 통해 규정된—일단 그렇게 가정하자—행동 진행이 실제로도 어느 정도 일어난다는 증거가 없다면, 그 자체로는 아무리 명증한 "법칙"이라도 그것은 실제 행위를 인식하는 데에는 아무 가치 없는 구성물에 불과할 것이다. 이 예에서는 의미적합성과 경험적 검증의 일치가 전적으로 논리정연하다. 또한 충분히 검증되었다고 생각할 수 있는 만큼 사례들이 아주 많다. 고대 그리스문화(그리고 이와 함께 서양문화) 발전의 특성을 이룬 마라톤 전투,[3] 살라미스 해전,[4] 플라타이아이 전투[5]의 인과적 의의에 대한 에두아르트 마이어Eduard Meyer[6]의 독창적인 가설은 의미 차원에서 추론할 수 있다. 또 징후적인 현상들(그리스 신탁과 예언자들의 페르시아인들에 대한 태도)도 이 가설을 지지한다. 그렇지만 마이어의 가설을 증명할 수 있는 방법은 페르시아인들이 (예루살렘, 이집트, 소아시아에서) 승리했을

---

3 기원전 490년, 제2차 그리스-페르시아 전쟁 당시 아테네의 칼리마코스Callimachos와 밀티아데스Miltiades가 지휘하는 아테네군이 마라톤 평원에서 페르시아군을 무찌른 전투로, 이 전투에서 올림픽 경기의 마라톤 경주가 유래되었다.

4 기원전 480년, 그리스 연합 해군이 수적으로 우세한 페르시아 해군을 괴멸시킨 해전으로, 살라미스 해전은 페르시아 전쟁의 전환점이 되었다. 이후 그리스는 페르시아 전쟁을 승리로 이끌었으며, 그리스의 승리는 고대 그리스를 발전시키고 서구문명이 확대된 계기가 되었다. 그래서 살라미스 해전은 인류사에 매우 중요한 전투로 평가되고 있다.

5 기원전 479년, 페르시아왕 크세르크세스Xerxes 일세의 그리스 침공(제2차 페르시아 전쟁) 가운데 최대의 지상결전으로 손꼽힌다. 플라타이아이 전투는 그리스의 자유를 지킨 결전으로 높이 평가받고 있다.

6 독일의 역사학자(1855~1930). 이집트, 헤브라이, 그리스, 로마 등 고대사 연구에서 선구자적인 업적을 남겼다.

때 보여준 태도의 사례를 검증하는 것뿐인데, 이마저도 여러 가지 점에서 불완전할 수밖에 없다. 이 가설의 대단히 합리적인 명증성은 여기서 어쩔 수 없이 버팀목으로서 의지해야 한다. 그러나 아주 명증하게 보이는 역사적 인과귀속의 매우 많은 경우에는, 마이어에게는 그래도 가능했던 그런 식의 검증가능성마저 없다. 이럴 경우 그 귀속은 결국 "가설"에 머무른다.

(7) "동기"란 행위자 자신이나 관찰자에게 어떤 행동의 의미 있는 "근거"로 보이는 의미맥락이다. 우리가 평균적인 사고습관이나 감정습관에 따라 그 행동의 구성요소들 간의 관계를 전형적인 (우리가 흔히 말하는 것처럼: "올바른") 의미맥락이라고 긍정하는 한, 연관성을 가지고 진행되는 행동은 "의미상 적합하다"고 해야 한다. 이에 반해 **경험**규칙에 의거해서 볼 때, 연속되는 과정들이 실제로 항상 똑같은 방식으로 진행될 개연성이 있는 한, 우리는 그 과정들의 연속이 "인과적으로 적합하다"고 말해야 한다. (이것을 이해하기 쉽도록 예를 들면, 한 계산문제를 우리에게 잘 알려진 계산규범이나 사고규범에 따라 올바르게 푸는 것은 의미상 적합하다. 오늘날 우리에게 잘 알려진 규범에서 보면 계산문제를 "올바르게" 또는 "틀리게" 풀 개연성, 따라서 전형적인 "계산오류"나 전형적으로 "문제를 얽히게 할" 개연성도―검증된 경험규칙에 따르면―있는데, 이 개연성은―통계적 사실의 범위에서―**인과적으로** 적합하다.) 그러므로 인과적 설명이란, 어떻게든 어림짐작할 수 있는 개연성 **규칙**―드물지만 이상적인 경우에는 수數로 표시할 수 있는 개연성 **규칙**―에 따라 어

느 한 관찰된 특정 현상(내적 현상이든 외적 현상이든)에 뒤이어 (또는 그것과 함께) 다른 한 현상이 나타난다고 확인하는 것을 뜻한다.

하나의 구체적인 행위에 대한 **올바른** 인과적 해석이란, 그 행위의 외적인 진행과 동기를 **적절하게** 인식하면서 동시에 이 둘의 연관을 의미 차원에서 **이해하며** 인식하는 것을 뜻한다. **전형적인** 행위(이해할 수 있는 행위 유형)에 대한 올바른 인과적 해석이란, 전형적이라고 주장된 진행과정이 (어느 정도로든 간에) 의미상 적합하게 보일 뿐만 아니라 (어느 정도로든 간에) 인과적으로도 적합하다고 확인될 수 있는 것을 뜻한다. 만일 의미적합성이 없다면, 행위의 진행(외적인 진행뿐만 아니라 심리적인 진행)이 지닌 규칙성이 아무리 크고, 또 이 규칙성을 수로 정밀하게 말할 수 있는 개연성이 있더라도, 그것은 **이해할 수 없는** (또는 불완전하게 이해할 수밖에 없는) **통계적인** 개연성일 뿐이다. 다른 한편으로 사회학적 인식 자체의 의미라는 관점에서 볼 때는, 아무리 명증한 의미적합성일지라도 그것은 다음과 같은 (어느 정도로든 말할 수 있는) **개연성**이 있다는 증거가 제시되는 한에서만 올바른 **인과적** 진술이 된다. 즉 한 행위가 의미상 적합하다고 생각되는 진행을 실제로 (평균적으로 또는 "순수한" 경우에) 빈번히 또는 유사하게 취할 개연성이 있다는 증거가 제시되어야만, 그 의미적합성은 올바른 인과적 진술이 된다. 오로지 그러한 통계적 규칙성, 말하자면 사회적 행위의 이해할 수 있는 주관적인 의미에 상응하는 통계적 규칙성만이 (여기에서 사용하는 말의 의미에서) 이해할 수 있는 행위 유형, 따라서 "사회학적 규칙"이다. 의미 차원에서 이해할 수 있는 행위의 그러한 합리적인 구성물만이 실제 사건에 대한 사회학적 유형인데, 이 유형이 현실에서는 적어도 어느 정도 근사치로는 관찰될 수 있다. 규명될 수 있는 의미적합성에 병행해서, 항상 이 의미적합성에 상응하는 과정이 빈번히 일어날 실제적인 개연성도 증가하는 것은 결코 아니다. 오히려 과연 증가하는가의 여부는 모든 경우 외적인 경험만이 보여줄 수 있다. 의미와는 무관한 현상들에 대한 통계(사망 통계, 피로 통계, 기계 성능 통계, 강우량 통계)가 있는 것과 마찬가지로, 의미를 내포한 현상들에 대해서도 통계가 있다. 그러나 **사회학적** 통계(범죄 통계, 직업 통계, 가격 통계, 경작 통계)는 후자의 현상에 대해서만 있다(두 가지 모두를 포함하는 경우—예를 들면 수확 통계—도 물론 빈번하다).

(8) 이해할 수 없는 현상과 규칙은 여기서 사용하는 말의 의미에서 "사회학적 사정" 또는 사회학적 규칙이라고 말할 수 없다. 물론 그렇다고 해서 그런 현상과 규칙이 덜 **중요한** 것은 아니다. 여기서 사용하는 말의 의미에서의 사회학(이 의미는 "**이해**사회학"에 한정되어 있는데, 이러한 한정은 누구에게도 강요되어서도 안 되고 또 강요될 수도 없다)에도 그것들이 덜 중요한 것은 아니다. 그러한 현상과 규칙은 이해할 수 있는 행위와는 다른 자리, 즉 행위의 "조건", "계기", "억제 요인", "촉진 요인"의 자리로 옮겨갈 뿐이다. 하지만 이것은 방법론상으로는 완전히 불가피한 일이다.

(9) 자신의 행동을 의미 차원에서 이해할 수 있게끔 정한다는 뜻에

서의 행위란 우리에게는 언제나 단수 또는 복수의 **개별적인** 인간의 행동으로만 존재한다.

다른 인식목적을 위해서는, 개별 인간을 가령 "세포들"의 결합이나 생화학적 반응들의 복합체로 보거나, 또는 인간의 "정신"생활이 개별 요소들(이것들을 어떻게 규정하든 간에)로 구성되었다고 보는 것이 유용하거나 필요할 수 있다. 이를 통해 가치 있는 인식(인과규칙)을 얻을 수 있다. 그러나 우리는 규칙으로 표현된 이 요소들의 작용을 **이해하지** 못한다. 이것은 심리적인 요소들의 경우에도 마찬가지이다. 게다가 그것들은 자연과학적으로 더 정확하게 포착되면 될수록 더더욱 이해되지 않는다. 그러므로 이처럼 심리적인 요소들을 자연과학적으로 포착하는 것은 결코 [행위자가 주관적으로] 생각한 의미를 해석하기 위한 방법이 되지 못한다. 그러나 사회학에서는(여기서 사용하는 말의 의미에서 사회학뿐만 아니라 역사학에서도) 바로 행위의 의미맥락이 그 해석의 대상이 된다. 생리학적 단위들의 작용, 가령 세포나 어떤 심리적 요소의 작용을 우리는 (적어도 원칙적으로는) 관찰하려고 시도할 수 있거나, 또는 관찰을 통해 추론해서 규칙("법칙")을 얻으면 이 규칙의 도움으로 개별과정을 인과적으로 "설명"하려고 시도할 수 있다. 즉 개별과정을 이 규칙에 귀속시키려고 시도할 수 있다. 그렇지만 행위에 대한 해석은 그런 한에서만 또 그런 의미에서만 이러한 사실과 규칙에 주의를 기울이는데, 어떤 다른 사정(예를 들면 물리학적, 천문학적, 지질학적, 기상학적, 지리학적, 식물학적, 동물학적, 생리학적, 해부학적, 의미와 무관한 정신병리학적 사정 또는 자연과학적 조건에서의 기술적 사정)의 경우도 마찬가지이다.

　한편 또 다른 인식목적(예를 들면 법학)을 위해서나 실천적인 목표를 위해서는, 사회조직체("국가", "협동조합", "주식회사", "재단")를 개별 인간(예를 들면 권리와 의무의 담당자로서 또는 법적으로 중요한 행위를 하는 수행자로서)과 똑같은 방식으로 다루는 것이 적절할 뿐만 아니라, 심지어 불가피할 수도 있다. 이에 반해 사회학을 통한 행위의 이해적 해석에서는 그러한 조직체들이란 단지 **개별적인** 인간들의 특정한 행위가 진행되면서 서로 연관된 것에 불과하다. 이 개별적인 인간들만이 우리가 이해할 수 있는, 즉 의미를 지향하는 행위의 담당자이기 때문이다. 그럼에도 불구하고 사회학은 자신의 목적을 위해서도 다른 분야의 고찰방식이 사용하는 집합적 사고구성물을 **무시할** 수 없다. 왜냐하면 행위의 해석은 그러한 집합 개념과 다음과 같은 세 가지 관계를 갖고 있기 때문이다: ① 행위의 해석 자체도 종종 아주 유사한 (때로는 완전히 동일하게 표현된) 집합 개념을 가지고 작업하지 않을 수 없다. 전반적으로 이해할 수 있는 **용어**를 얻으려면 그렇게 할 수밖에 없다. 법률가의 언어도 일상 언어와 마찬가지로, 예를 들면 "국가"라는 말로 법률 개념뿐만 아니라 법 규정을 적용할 사회적 행위의 사정도 표현한다. 사회학에서는 "국가"라는 사실이 반드시 법과 관계있는 요소들로만 구성되어 있지 않다. 어쨌든 사회학에는 "행위 하는" 집합 인격이라는 것이 없다. 사회학이 "국가", "국민", "주식회사", "가족", "군대" 또는 이와 유사한 "조직체"에 대해 말할 때, 이런 말들이 의미하는 것은 **오로지** 개별 인간들의 실제적인 또는 가능하다고 상정된 사회적 행위의 특정한 진행과정일 뿐이다. 따라서 사회학은 그 엄밀성과 친숙함 때문에 법학 개념을 사용하더라도 그 개념에 전혀 다른 의미를 부여한다. ② 행위의 해석은 다음과 같은 근본적으로 중요한 사실에 주의를 기울여야 한다. 즉 일상적인 사고나 법학적 사고(또는 다른 어떤 전문 분야의 사고)에서 볼 수 있는 집합체 개념들은 실제 인간들(판사와 관리뿐만 아니라 "공중")의 머릿속에 있는 관념, 일부는 존재하는 것, 일부는 당위적으로 타당한 것에 대한 관념으로, 실제 인간들의 행위는 이 관념에 따라 정해진다. 또한 이 집합체 개념들 자체가 실제 인간들의 행위의 진행방식에 대해서 아주 강력하고 때로는 결정적일 만큼의 인과적 의의를 갖고 있다는 사실에도 주의를 기울여야 한다. 특히 이 관념들이 당위적으로 타당한 것(또는 타당하지 않은 것)에 관한 것일 때, 결정적인 인과적 의의를 갖는다. (그러므로 근대 "국가"는 상당히 그러한 성격으로, 즉 인간들의 특정한 공동행위의 복합체로 존재한다. **왜냐하면** 특정한 인간들은 국가가 존재한다는 또는 존재해야 한다는 관념, 말하자면 법률에 근거한 그런 종류의 질서가 타당하다는 관념에 따라서 행동하기 때문이다. 이에 대해서는 나중에 말하겠다.) 사회학이 자기 고유의 용어를 만들어내기 위해(앞의 ①을 참조하라), 법률상의 당위적 타당성에 대해서뿐만 아니라 실제 사건에 대해서도 일상 언어가 이미 사용하는 그런 개념들을 완전히 없애고 완전히 새로 구성한 말로 대체하려고 한다면, 이는 가능하기는 하겠지만 대단히 현학적이고 장황한 일이 될 것이다. 그리고 적어도 국가라는 중요한 현상에 대해서는 당연히 이런 일마저 불가능할 것이다. ③ 소위 "유기체" 사회학의 방법(고전적인 유형으로는 알베르트 셰플레Albert Schäffle[7]의 사상적 깊이가 있는 책《사회체의 구조와 생활Bau und Leben des sozialen Körpers》이 있다)은 사회적 공동 행위를 "전체"(예를 들면 "국민경제")에서 출발해 설명하려고 한다. 그럴 경우 개인과 그의 행동은 이 전체 안에서 해석된다. 이러한 해석은 가령 생리학이 어떤 신체 "기관"의 위상을 유기체의 "살림살이" 관점(즉 그 유기체의 "보존" 관점)에서 다루는 것과 비슷하다(한 생리학자가 유명한 강의에서 말한 명언을 참조하라: "제10장: 비장脾臟. 여러분, 우리는 비장에 대해 아무것도 모릅니다. 비장에 관해서는 말입니다!" 물론 그는 비장에 대해 실제로는 아주 많이 "알고 있었다": 위치, 크기, 형태 등. 다만 그는 그것의 "기능"을 말할 수 없었다. 그런데 그는 이러한 무능을 "알지 못한다"라고 말했다). 다른 학문 분야에서 "전체"에 대한 "부분"의 이러한 기능적 고찰이 얼마만큼 (부득이하게) 결정적일 수밖에 없는지는 여기서 논의하지 않겠다. 잘 알려진 바와 같이, 생화학적 고찰이나 생물역학적 고찰은 원칙적으로 그런 방식에 만족하려고 하지 않는다. 그러한 기능적 표현방식은 해석사회학에 대해서 ① 실제적인 예시와 잠정적인 방향 설정이라는 목적을 달성하는 데 도움을 줄 수 있다(그리고 이러한 역할을 보면, 이 기능적 표현방식은 대단히 유용하고 필요하다. 그러나 또한 그것의 인식가치를 과대평가해서 그릇된 개념실재론을 주장할 경우 그 표현방식은 대단히 해로

---

7 독일의 사회학자이자 경제학자(1831~1903). 사회유기체설 입장에서 자연과학과 사회과학의 종합을 시도했다.

올 수 있다). ② 경우에 따라서는 그 기능적 표현방식만이 우리가 다음과 같은 사회적 행위를 찾아내는 데 도움을 줄 수 있다. 즉 한 맥락을 설명하려면 반드시 해석해서 이해해야 할 만큼 중요한, 그러한 사회적 행위를 찾아내는 데 말이다. 그러나 바로 이 지점에서 (여기서 이해하는 말의 의미에서) 사회학의 작업이 시작된다. 우리는 ("유기체"를 다루는 경우와는 달리) "사회조직체"를 다룰 때 기능적 연관과 규칙("법칙")의 단순한 확인을 **넘어설** 수 있다. 뿐만 아니라 우리는 어떠한 "자연과학"도 영원히 접근할 수 없는 것, 즉 관여한 **개개인들**의 행동을 "이해"할 수 있는 위치에 있다(여기서 자연과학이란 사건과 조직체에 대해서 인과규칙을 제시해 개별 사건을 "설명"하는 학문을 의미한다). 반면에 우리는 예를 들면, 세포들의 행동을 "이해"하지 못하며 그것을 기능적으로 파악한 후 그 경과**규칙**에 따라 행동을 확인할 수 있을 뿐이다. 물론 관찰적 설명에 비하면 이 해석적 설명이 더 많은 성과를 올리지만, 이러한 성과는 해석을 통해 얻게 되는 결과가 본질적으로 가설적이고 단편적인 성격을 지녔다는 대가를 치르고서야 얻어진다. 그럼에도 불구하고 이 **추가적인 성과**는 사회학적 인식의 특성이다.

여기서 다음의 두 가지는 전혀 논의하지 않는다. 즉 동물의 행동이 우리에게 의미 차원에서 얼마나 "이해될 수 있는지", 또 그 반대로 우리의 행동이 동물에게 의미 차원에서 얼마나 이해될 수 있는지 (이 두 문제 모두 그 의미가 아주 불확실하며 그 범위도 불명확하다), 따라서 이론적으로 인간과 동물(가축, 야생동물)의 관계에 대한 사회학이 얼

마나 가능한지는 논의하지 않는다(많은 동물은 명령, 분노, 사랑, 공격 의
도를 "이해"한다. 그것들은 이에 대해 기계적 – 본능적으로만 반응하지 않는 경
우가 확실히 자주 있으며, 어떻게든 의미를 의식하며 경험에 의거해 반응하기
도 한다). "원시인"의 행동의 경우 우리가 감정이입할 수 있는 정도도
동물의 경우보다 본질적으로 더 크지 않다. 그러나 우리는 동물에게
서 주관적인 사정을 확인할 수 있는 **확실한** 수단이 전혀 없으며, 설
령 있다 하더라도 매우 불충분하게 있을 뿐이다. 잘 알려진 바와 같
이, 동물심리학의 문제들은 흥미롭지만 그만큼 고난으로 가득 차 있
다. 잘 알려져 있듯, 특히 동물들에는 지극히 다양한 종류의 사회조
직이 존재한다: 일부일처와 일부다처의 "가족", 가축 무리, 짐승들
의 떼, 끝으로 기능이 분화된 "국가"(이 동물사회 조직들의 기능 분화 정
도는 결코 해당 동물 종의 기관 분화 정도나 형태 발전 분화 정도와 대등하지
않다. 흰개미들의 기능 분화가 그러하며, 그 결과 흰개미들이 만들어내는 물질
은 일반 개미나 벌의 경우보다 훨씬 더 분화되어 있다). 여기서는 자명하게
도 순수하게 기능적인 고찰이 매우 자주—적어도 현재로서는—최
종적인 것이며, 연구는 이것의 확인으로 만족해야 한다: 이때 기능
적인 고찰이란 각각의 유형별 개체들("왕", "여왕", "노동자", "병사", "무
위도식자", "생식 전담자", "예비 여왕" 등)이 해당 동물사회의 보존, 즉 식
량 확보, 방어, 번식, 재조직을 하는 데 결정적인 기능을 규명하는 것
이다. 이 범위를 넘어서는 것은 오랫동안 단지 억측에 불과했거나,
아니면 이 "사회적" 소질들의 발전에 한편으로는 유전형질이, 또 한
편으로는 환경이 각각 어느 정도로 관여할 수 있는지에 대한 연구

였다. (특히 아우구스트 바이스만August Weisman[8]과 알렉산더 빌헬름 폰 괴테Alexander Wilhelm von Götte[9] 간의 논쟁이 그러하다. 바이스만의 《자연사육의 무한한 힘Allmacht der Naturzüchtung》(1893)은 완전히 비경험적인 추론에 의존하는 경향이 강했다.) 그러나 과학 연구가 이처럼 기능적 인식에 국한되는 것은 불가피한 일이며, 바라건대 잠정적인 자기만족에 불과하다는 사실에 대해 진지한 연구들은 당연히 전적으로 의견이 일치하고 있다. (예를 들어 흰개미 연구의 현황에 대해서는 카를 에셰리히Karl Escherich[10]의 1909년 저작을 보라.) 물론 연구자들은 그 분화된 개별 유형의 기능들이 "종의 유지에서 얼마나 중요한가"(이것은 아주 쉽게 파악할 수 있다)를 통찰하고 어떻게 그 분화가 설명될 수 있는지를 논증하는 것만 원하지는 않는다. 이 설명에서 후천적인 속성이 유전된다고 가정하지 않든 아니면 반대로 (이 경우 이 가정에 대해 어떤 해석에 근거해서) 그렇게 가정하든 상관없이 말이다. 그들은 또한 다음과 같은 것도 알고 싶어 한다. ① 아직 중성적이고 미분화된 원생체가 분화를 시작하는 이유는 무엇인가? ② 분화된 개체로 하여금 분화된 집단의 보존이라는 이익을 위해 실제로 (평균적으로 볼 때) 행동하게 하는 요인은 무엇인가? 이에 대한 연구가 진척된 경우를 보면 언제나, **개별** 개체에서 일어나는 화학적 자극이나 생리학적 과정(영양공급과정, 기생충에 의

---

8 독일의 진화 생물학자(1834~1914). 자연 선택이 진화의 주요 요인이라고 주장했다.

9 독일의 동물학자(1840~1922).

10 독일의 산림학자이자 곤충학자(1871~1951). 1909년의 저작은 《흰개미 또는 하얀개미. 생물학적 연구Die Termiten oder weißen Ameisen. Eine biologische Studie》이다.

한 거세 등)을 실험으로 증명(또는 추측)했다. "심리적" 지향이나 "의미 차원의" 지향도 있다는 것을 실험으로 증명할 수 있으리라는 불확실한 희망이 얼마나 존재하는지는 오늘날 전문가조차 말할 수 없을 것이다. 이러한 사회적인 동물 개체의 심리에 대해 의미 차원의 "이해"를 기초로 검증할 수 있는 그림을 얻는 것은—이것이 이상적인 목표라 하더라도—좁은 범위에서만 성취될 수 있을 것이다. 어쨌든 동물심리의 이해로부터 인간의 사회적 행위에 대한 "이해"를 기대할 수는 없다. 오히려 반대로 동물 심리에 대한 해석은 인간 행위에 대한 유추해석을 가지고 작업하며, 또 그래야만 한다. 아마도 이러한 유추해석은 언젠가 다음과 같은 문제가 제기될 때 우리 인간에게 유익할 것으로 기대할 수 있을 것이다: 인간의 사회분화 초기 단계에서 순전히 기계적 - **본능적인** 분화 영역은 개체를 의미 차원에서 이해할 수 있는 영역과 관련해, 더 나아가 **의식적이고** 합리적으로 만들어낸 것과 관련해 어떻게 평가할 수 있는가? 이해사회학이 당연히 알아야 할 것은 인간의 발전 초기에도 첫 번째 요소(기계적 - 본능적인 분화 영역)가 전적으로 압도적이었다는 사실이며, 또한 그 후의 발전 단계에서도 이 요소가 항상 함께 관여한다는(그것도 결정적으로 중요하게 관여한다는) 사실을 의식해야 한다. 모든 "전통적인" 행위(§2를 참조하라)나 "카리스마"(제3장[11])의 여러 국면과—카리스마는 심리적 "전염"의 씨앗이며 따라서 사회학적 "발전 자극"의 담당자이다—그 경계가 불

---

11 《경제와 사회》 제3장 〈지배의 유형 Die Typen der Herrschaft〉.

분명할 만큼 매우 근접해 있는 것은 생물학적으로만 파악할 수 있는 그런 과정이다. 다시 말하면, 이해 방법으로는 해석할 수 없고 그 동기도 설명할 수 없으며 또는 단편적으로만 그렇게 할 수 있는 과정이다. 그러나 이 모든 것이 이해사회학을 다음과 같은 과제로부터, 즉 자신이 갇혀 있는 좁은 한계를 의식하면서도 이해사회학만이 **성취할 수 있는** 것을 성취해야 하는 과제로부터 면제시켜주지 않는다.

오트마르 슈판Othmar Spann[12]의 다양한 저작에는 종종 좋은 생각이 풍부한 경우도 많지만, 때때로 잘못된 견해들도 있다. 무엇보다도 경험적 조사에 속하지 않고 순전히 가치판단에 근거한 논증들이 있다. 그러나 그는 한편으로 모든 사회학에서 **사전에** 기능에 관해 문제를 제기하는 것(그는 이것을 "보편주의 방법"이라고 부른다)이 중요하다고 강조하는데, 이러한 강조는 분명히 옳다. 물론 누구도 이에 대해 진지하게 이의를 제기하지 않을 것이다. 우리는 우선 다음과 같은 점을 확실히 알아야 한다: 어떤 행위가 기능적으로, 즉 "보존"의 관점(그러나 더 나아가 또 무엇보다도 문화적 특성의 보존의 관점!)에서 중요한가? 그리고 한 사회적 행위 유형이 특정한 방향으로 계속 발전하려면 어떤 행위가 중요한가? 그래야 다음과 같은 질문을 할 수 있다: 그 행위는 어떻게 이루어지는가? 어떤 동기들이 그 행위를 유발하는가? 그러자면 우선 "왕", "관리", "기업가", "포주", "주술사"가 무엇을 하는 자

---

12 오스트리아의 사회학자이자 철학자(1878~1950). 자유주의와 사회주의 모두를 반대한 보수주의자로 1930년경에 나치당에 가입했다.

들인지를 알아야 한다. 즉 이들의 어떤 전형적인 "행위"(당연히 이 행위만이 이들을 그 범주들 중 어느 하나에 귀속시킨다)가 분석에서 **중요하고** 고려대상이 되는지를 알아야 한다. 그래야 이 분석에 착수할 수 있다(이것이 리케르트가 말하는 의미의 "가치연관성"이다). 그러나 이러한 분석으로 성취하는 것이야말로 유형적으로 분화된 개개 인간의 행위에 대한 사회학적 이해가 성취할 수 있고(그리고 이것은 인간의 경우에서**만** 가능하다) 또 성취해야 하는 것이다. 어쨌든 마치 "개인주의" **방법**이 (그 **여하한** 의미의) 개인주의적 **가치평가**를 의미한다는 엄청난 오해는 없애야 한다. 개념구성이 불가피하게 (상대적으로) 합리주의적 성격을 지녔다고 해서 합리적인 동기들이 우위에 있다고 믿거나 "합리주의"를 긍정적으로 평가한다는 견해 역시 없애야 하는 것처럼 말이다. 사회주의 경제도 사회학적으로는 "개인주의적으로" 해석하고 이해해야 할 것이다. 즉 개개인—사회주의 경제에 등장하는 전형적인 "관료들"—의 행위로부터 해석하고 이해해야 할 것이다. 예를 들어 교환현상을 한계효용학설(또는 앞으로 발견될 "더 나은", 그렇지만 이 점에서는 비슷한 방법)로 해석하고 이해해야 하는 것처럼 말이다. 왜냐하면 언제나 사회주의 경제에서도 결정적인 경험적 – 사회학적 작업은 우선 다음과 같은 질문으로 시작되기 때문이다: 어떤 동기로 이 "공동체"의 개개의 관료들과 구성원들은 그런 사회가 **생겨나고 지속되도록** 행동했고 또 행동하고 있는가? 모든 기능적인 ("전체"에서 출발하는) 개념구성은 이 질문에 대한 예비 작업을 수행할 뿐이다. 물론 이 예비 작업의 유용성과 필수불가결성은—만약 이 작업이 올바르게 수행된다면—이론異論의 여지가 없다.

(10) 사람들은 이해사회학의 많은 명제를 "법칙"—예를 들면 그레셤의 "법칙"—이라고 부르는 데 익숙해 있다. 그런데 "법칙"이란 어떤 상황에서 한 사회적 행위로부터 **기대되는** 경과의 전형적인 **개연성**으로, 관찰을 통해 입증된다. 그리고 이 개연성은 행위자들의 전형적인 동기와 이들이 전형적으로 생각한 의미에서 볼 때 **이해할 수 있다**. 법칙이 최고로 이해될 수 있고 명확해지는 것은 다음과 같은 두 가지 경우이다. 하나는 순전히 목적합리적인 동기가 전형적인 것으로 관찰된 진행과정의 기초가 되는 경우(또는 목적합리적인 동기가 편의상 우리가 방법적으로 구성하는 행위 유형의 기초가 되는 경우)이다. 또 하나는 그때 수단과 목적의 관계가 경험규칙에 비추어볼 때 명백한 경우이다("불가피한" 수단일 경우에도 명백하다). 이 경우 다음과 같은 진술이 허용된다. 즉 엄격하게 목적합리적으로 행위 한다면, **다르게 하지 않고 그렇게** 행위 할 **수밖에 없을** 것이다(왜냐하면 행위자는—명백하게 말할 수 있는—목적을 달성하려면 "기술적인" 이유에서 이 수단만 사용할 수 있고 다른 수단은 사용할 수 없기 때문이다). 동시에 바로 이 경우가 보여주는 것은 "심리학"(어떤 심리학이든 간에)을 이해사회학의 **가장** 궁극적인 "기초"로 간주하는 것이 얼마나 그릇되었는지 하는 점이다. 오늘날 "심리학"에 대해서는 사람마다 다르게 이해한다. 아주 특정한 방법론적 목적을 추구하려고 어떤 현상을 자연과학적으로 다루는 경우에는 "물리적인 것"과 "심리적인 것"을 분리하는 것이 옳지만, **이런**

의미에서의 분리는 행위에 관한 학문 분야에서는 낯설다. 따라서 실제로 자연과학적 방법론이 말하는 의미에서의 "심리적인 것"만을 자연과학의 수단으로 탐구하는 심리학은, 인간의 행동을 그가 생각한 **의미**에서 해석하는 학문과는 달리 인간 행동의 의미를 해석하지 않는다. 그렇지만 방법론적으로 어떤 성격의 것이든 상관없이 심리학의 연구결과는 당연히 다른 학문의 연구결과와 마찬가지로 특수한 경우 사회학적으로 확인하는 데 중요성을 지닐 수 있으며, 또 종종 고도의 중요성을 지니기도 한다. 그러나 사회학이 심리학에 대해서 다른 모든 학문보다 어쨌든 일반적으로 더 가까운 관계에 있는 것은 **아니다**. 이런 사실에 대한 오류는 "물리적"이지 않은 것은 "심리적인" 것이라는 "심리적인 것"의 개념에 있다. 그러나 어느 누군가가 생각하는 계산문제의 "의미"는 "심리적인" 것이 아니다. 특정한 행위가 주어진 이해관계에 따라 기대되는 결과를 얻는 데 유리한지 아닌지를 한 인간이 합리적으로 숙고하는 것과 이 숙고의 결과에 따라 그가 내리는 결정은 "심리학적" 고찰을 통해서는 조금도 이해할 수 없다. 그러나 사회학은(경제학도 포함해서) 바로 이러한 합리적인 전제들 위에 그 대부분의 "법칙"을 세운다. 이에 반해 행위의 **"비합리성"**을 사회학적으로 설명할 경우에는 **이해**심리학이 사실상 의심할 바 없이 결정적으로 중요한 기여를 할 수 있다. 그렇다고 해서 이 같은 사실이 방법론의 근본적인 사정을 바꾸지는 못한다.

(11) 사회학은 — 이미 여러 차례 자명하다고 전제한 것처럼 — **유**

형 개념을 구성하고 사건의 **일반적인** 규칙을 찾는다. 이것이 역사학과는 다른 점이다. 역사학은 **개별적**이고 **문화적으로** 중요한 행위, 조직체, 인물들에 대한 인과적 분석과 귀속을 얻으려고 노력하기 때문이다. 사회학은 개념을 구성할 때 전적으로는 아니지만 대체적으로는 역사학의 관점에서도 중요한 행위의 사실에서 그 재료를 끌어와 범례로 삼는다. 사회학이 그 개념들을 구성하고 규칙을 탐구할 때 무엇보다도 다음과 같은 관점이 **함께** 고려된다: 이 작업으로 사회학이 문화적으로 중요한 현상의 역사적 인과귀속에 기여할 수 있는가? 모든 일반화하는 과학의 경우와 마찬가지로 사회학의 추상화는 그 특성상 다음과 같은 결과를 낳는다. 즉 사회학의 개념들은 역사 현상의 구체적인 사실에 비해 상대적으로 그 내용이 **비어 있을** 수밖에 없다는 것이다. 대신에 사회학이 제공해야 하는 것은 개념들의 증대된 **명확성**Eindeutigkeit이다. 이 증대된 명확성은 가능한 한 최상의 의미적합성을 통해 달성되는데, 사회학적 개념구성은 바로 이것을 추구한다. 그리고 그 증대된 명확성은—지금까지 중점적으로 고려한 바와 같이—**합리적인**(가치합리적이든 목적합리적이든) 개념과 규칙에서 특히 완전하게 얻어질 수 있다. 그러나 사회학은 비합리적인 현상(불가사의한 현상, 예언 현상, 정령 현상, 감정 현상)도 이론적이며 의미적합한 개념으로 파악하려고 한다. 합리적인 경우와 비합리적인 경우 **모든** 경우에서 사회학은 현실로부터 **멀어지지만**, 현실에 대한 인식에 기여한다. 왜냐하면 사회학은 역사 현상이 그 개념들 중 어느 하나 또는 여러 개에 얼마나 근접하는지를 진술함으로써 이 현상이 분류될 수 있도록 하기 때문이다. 예를 들어 동일한 역사 현상이라도 그 구성요소의 한 부분은 "봉건적" 성격을 가질 수 있고 다른 부분은 "가산제적" 성격을, 또 다른 부분은 "관료제적" 성격을, 그리고 또 다른 부분은 "카리스마적" 성격을 가질 수 있다. 이런 말들이 명백한 뜻을 가지려면, 사회학은 그 자신이 상기한 종류의 조직체들에 대해 "순수한"("이념") 유형을 만들어야 한다. 이 유형은 각각 내부적으로 가능한 한 완전한 의미적합성의 일관된 통일성을 나타낸다. 그러나 바로 그렇기 때문에 이처럼 절대적으로 이상적인 순수 형태의 이념형은 아마도 현실에서는 나타나지 않을 것이다. 이것은 절대적인 진공을 전제로 해서 계산된 물리적 반응이 현실에 나타나지 않는 것과 같다. 사회학적 결의론Kasuistik[13]은 "**순수한**"("이념") 유형을 통해서만 가능하다. 뿐만 아니라 사회학이 경우에 따라서는 경험적 – 통계적 유형과 같은 **평균** 유형 — 이것은 특별히 방법에 대한 설명을 필요로 하지 않는 구성물이다 — 도 사용한다는 것은 자명하다. 그러나 사회학이 "**전형적인**" 경우에 대해 말할 때, 아주 정확하게는 알지 못하더라도 항상 생각하는 것은 **이념형**이다. 이념형 자체는 합리적일수도 있고 비합리적일수도 있는데, 대부분은 (예를 들면 국민경제학에서는 언제나) 합

---

13 결의론決疑論: 개개의 도덕문제를 법률조문식으로 규정한 도덕법으로 해결하는 방법. 14, 15세기에 결의학으로 발전했다. 그 기초가 된 것은 기독교의 참회서인데, 처음에는 외적 죄악에 대한 벌을 규정했지만, 나중에는 양심에 관계되는 것도 규정하게 되었다. 베버의 경우 연구자의 독자적인 문제의식하에서 문제 설정에 필요한 모든 관점을 분류하고 정리하는 것을 의미한다.

리적이다. 그러나 이념형은 항상 **의미**적합허게 구성된다.

사회학 영역에서는 "평균"과 "평균 유형"이 다음과 같은 경우에만 어느 정도 명확하게 구성될 수 있다는 것을 분명히 알아야 한다. 즉 **정도**의 차이만 있을 뿐 질적으로는 **같은** 종류의 의미를 내포한 특정한 행동의 경우가 그것이다. 그런 경우가 존재하기는 한다. 그러나 많은 경우 역사적으로나 사회학적으로 중요한 행위는 질적으로 잡다한 동기들로부터 영향을 받으며, 이 질적으로 **잡다한** 동기들 사이에서는 진정한 의미의 "평균"을 얻을 수 없다. 따라서 예를 들어 경제이론이 구성하는 사회적 해위의 이념형들은―이 경우에는―언제나 다음과 같이 묻는다는 의미에서 "현실과 동떨어져 있다": 이상적인 목적합리성, 여기서는 순전히 경제에 지향된 목적합리성의 경우 사람들은 어떻게 행동하게 **되는가**? 물론 현실의 행위에서는 적어도 전통의 제약, 정서, 오류, 경제 외적인 목적이나 고려의 작용도 **함께** 영향을 미친다. 그러므로 이 현실의 행위를 이해할 수 있는 것은 ① 그 행위가 구체적인 경우에 실제로 경제적인 목적합리성에 의해서도 **함께** 정해졌거나 또는―평균적으로 볼 때―정해지는 경향이 있는 한에서이다. ② 그렇지만 또한 이 행위의 실제적 경과와 이념형적 경과 간의 바로 그 **거리**를 통해 행위의 **실제적인** 동기가 쉽게 인식될 수 있다. 이와 완전히 상응하는 방식으로 우리는 삶에 (예를 들면 정치와 경제에) 대해서 신비주의 영향을 받은 철저한 무우주론적[14] 태도를 이념형으로 구성할 수 있을 것이다. 이념형이 더 예리하고 명확하게 구성될수록, 다시 말해 이런 의미에서 현실과 동떨어져 있을수록, 이념형은 그 기능을 더 잘 수행하게 된다. 용어와 분류의 차원뿐만 아니라 색출의 차원에서도 그렇다. 역사학 연구에 의한 개별 사건의 구체적인 인과귀속도 사실상 다르게 진행되지 않는다. 예를 들면 1866년의 전투[15]를 설명하기 위해 역사학 연구는 헬무트 폰 몰트케Helmut von Moltke[16]뿐만 아니라 루트비히 폰 베네데크Ludwig von Benedek[17]에 대해 우선 (사고실험을 통해) 다음과 같은 점을 밝혀낸다(역사학 연구는 이것을 반드시 해야 한다): 자신과 적의 사정을 충분히 알면서 최상의 목적합리성을 따른다고 가정할 경우, 그들 각각은 어떤 조치를 취할 것인가? 이와 함께 역사학 연구는 다음과 같은 점을 비교한다: 실제로 어떤 조치를 취하게 되었는가? 그다음에는 실제 행위와 이념형 간의 바로 그 관찰된 거리(거짓 정보, 실제로 저지른 오류, 사고 오류, 개인적인 기질이나 전략 외적인 고려에 의해 야기된 거리)를 인과적으로 **설명한다**. 여기에서도 (잠재적으로는) 하나의 목적합리적인 이념형 구성이 사용된다.

---

14 무우주론Akosmismus: 우주와 세계의 실재성을 부정하고 모든 것이 유일하게 실재하는 신의 그림자에 지나지 않는다는 주장. 무세계론이라고도 한다.

15 1866년의 프로이센-오스트리아 전쟁 때 7월 3일 프로이센군이 보헤미아의 도시 쾨니히그레츠(지금의 흐라데츠크랄로베) 북서쪽의 사도바 마을에서 벌인 전투로 사도바 전투라고도 불린다. 이 전투에서 프로이센은 대승을 거두었고, 오스트리아는 군대가 거의 괴멸될 정도로 대패했다.

16 프로이센의 참모총장(1800~1891). 근대적인 참모제도의 창시자, 전략의 천재로서 덴마크와의 전쟁(1864), 프로이센-오스트리아 전쟁(1866), 프로이센-프랑스 전쟁(1870~1871)에서 승리를 거두었다.

17 오스트리아의 군사 사령관(1804~1881).

그러나 사회학이 구성하는 개념들은 외적으로뿐만 아니라 내적으로도 이념형이다. **현실의** 행위는 대부분 그 "생각한 의미"를 희미하게 대충 의식하거나 의식하지 못하는 가운데 진행된다. 행위자는 그 의미를 알고 있거나 "분명하게 의식하기"보다는 애매모호하게 "느끼며", 대개의 경우 충동적으로나 습관적으로 행위 하며, 가끔씩만 행위의 의미가 의식될 것이다. 그리고 다수가 동일한 성격의 행위를 할 경우에는 흔히 그중 몇몇 사람만이 행위의 (합리적이든 비합리적이든) 의미를 의식할 것이다. 정말로 완전히 의식적이며 명백하게 의미를 내포한 행위는 현실에서는 언제나 특수한 경우일 뿐이다. 모든 역사적 고찰과 사회학적 고찰은 현실을 분석할 때 항상 이러한 사정을 고려해야 할 것이다. 그렇다 하더라도 사회학은 마치 행위가 실제로 의식적으로 의미를 지향하며 전개되는 것처럼 있을 수 있는 "생각한 의미"의 분류를 통해 자신의 **개념들**을 구성한다. 현실을 구체적으로 고찰하는 것이 중요한 문제가 될 때, 사회학은 언제나 사회학적 개념과 현실 간의 거리를 고려해 이 거리의 정도와 성격을 확인해야 한다.

사실 우리는 방법상 둘 중 하나를 선택할 수밖에 없는 경우가 매우 많다. 하나는 불명확한 용어들이고, 또 하나는 명확하지만 비현실적이고 "이념형적인" 용어들이다. 그러나 이 경우에는 과학을 위해서 후자를 더 선호해야 한다. [이 모든 것에 대해서는 다음을 보라:《사회과학 및 사회정책 논총》XIX,[18] 위에 인용한 곳((6)을 참조하라).]

---

18 〈사회과학과 사회정책에서 인식의 객관성Die "Objektivität" sozialwissenschaftlicher und

2) 사회적 행위의 개념

(1) 사회적 행위(단념이나 참는 것도 포함해서)는 과거, 현재, 미래에 기대되는 다른 사람의 행동에 따라서 방향이 정해질 수 있다(과거의 공격에 대한 복수, 현재의 공격에 대한 저항, 미래의 공격에 대한 방어 조치 등). 여기에서 "다른 사람"은 개인일 수도 있고 아는 사람일 수도 있으며, 또는 불특정 다수일 수도 있고 전혀 모르는 사람들일 수도 있다(예를 들면 "화폐"는 교환재를 의미하는데, 행위자가 교환할 때 이 교환재를 받는 이유는 매우 많은 미지의 불특정 타인들도 앞으로 교환할 때 그것을 받을 것이라고 기대하며 행동하기 때문이다).

(2) 모든 종류의 행위가―외면적인 행위라도―여기에서 확정한 의미의 "사회적" 행위는 아니다. 단지 물적 대상의 움직임에 대한 기대만을 염두에 두고서 행해지는 대외적인 행위는 사회적 행위가 아니다. 내면적인 행동이 사회적 행위가 되는 경우는 그 행동의 방향이 다른 사람의 행동에 따라서 정해질 때뿐이다. 예를 들어 종교 행동이 명상이나 혼자만의 기도 등에 머무를 경우, 그 행동은 사회적 행위가 아니다. (한 개인의) 경제활동은 그것이 제3자의 행동까지 함께 고려했을 때에야 비로소 또 그런 한에서만 사회적 행위가 된다. 그러므로 아주 일반적이고 형식적인 관점에서 보면: 행위자는 경제재화에 대

---

sozialpolitischer Erkenntnis〉.

한 자신의 실질적인 처분권을 제3자가 존중할 것이라고 생각하면서 경제활동을 행하기 때문에, 이 경제활동은 사회적 행위가 된다. 실질적인 관점에서 보면: 예를 들어 소비의 경우, 제3자의 미래 수요도 함께 고려하여 자신의 "절약"방식을 정하기 때문에, 이 경제활동은 사회적 행위가 된다. 또는 생산의 경우 제3자의 미래 수요를 판단의 기초로 삼기 때문에, 이 경제활동은 사회적 행위가 된다.

(3) 사람들 간의 모든 종류의 접촉이 사회적 성격을 갖는 것은 아니다. 의미 차원에서 다른 사람의 행동에 따라서 취해진 고유한 행동만이 사회적 성격을 갖는다. 예를 들어 자전거를 탄 두 사람이 부딪쳤을 경우 이것은 자연현상과 같은 하나의 단순한 사건일 뿐이다. 그러나 상대방을 피하려는 시도, 충돌 후에 일어나는 일들, 즉 욕지거리, 몸싸움 또는 화해의 논의는 "사회적 행위"가 될 것이다.

(4) 사회적 행위는 ① 많은 사람의 똑같은 행위를 가리키는 것도 아니며, 또한 ② 다른 사람의 행동에 영향받은 모든 행위를 가리키는 것도 아니다. ①: 비가 내리기 시작할 때 거리에서 많은 사람이 동시에 우산을 펼친다면, 이것은 (통상적으로) 한 사람의 행위가 다른 사람의 행위에 따라서 취해진 것이 아니다. 모든 사람이 비를 피하려는 욕구에 따라 동시에 행동한 것이다. ②: 잘 알려져 있다시피, 개인의 행위는 그가 공간적으로 밀집된 "군중" 속에 있다는 단순한 사실로부터 강한 영향을 받는다(이것은 예컨대 귀스타브 르 봉Gustave Le Bon[19]의

저작들에서 보이는 "군중심리학적" 연구의 대상이다). 즉 그 개인의 행위는 군중에 의해 **일어난** 행위이다. 그리고 분산된 군중도 동시에 또는 연속적으로 개인에게 (예를 들면 언론을 통해) 영향을 미치거나 그런 느낌이 드는 다수의 행동을 통해 개인의 행동을 군중의 영향력하에 놓을 수 있다. 특정한 종류의 반응이 가능해지는 것은 바로 개인이 자신을 "군중"의 일부라고 느낀다는 사실에서 비롯되며, 이런 사실로 인해 다른 종류의 반응은 오히려 어려워진다. 따라서 어떤 특정한 사건이나 인간의 행동은 매우 다양한 종류의 감정, 즉 유쾌함, 분노, 열광, 절망 그리고 갖가지 종류의 열정을 불러일으킬 수 있다. 이런 감정들은 혼자 있었을 경우에는 일어나지 않았을 것이다(또는 그렇게 쉽게 일어나지 않았을 것이다). 그러나 그런 감정들이 일어났을 때에도 개인의 행동과 그가 처한 군중 상황 사이에는 (적어도 많은 경우) **의미를 내포한** 관계가 존재하지 않을 것이다. 이처럼 "군중"이라는 단순한 사실의 작용을 통해 그 진행과정에서 순전히 반사적으로만 일어나거나, 또는 그 작용과 동시에 일어나는 행위이면서도 그 작용과 의미 차원에서 연관되지 않은 행위는 개념적으로 볼 때 여기서 확정한 의미에서의 "사회적 행위"가 아니다. 그렇지만 그 차이는 물론 지극히 유동적이다. 왜냐하면 예컨대 선동가의 경우뿐만 아니라 흔히 대규모 청

---

19 프랑스의 사회심리학자(1841~1931). 그의 저작들은 학술적인 연구라기보다는 평론적인 색채가 강하지만, 동시대와 그 이후의 사회심리학과 정치행동 연구에 많은 기여를 했다. 대표 저작은 1895년에 출간된《군중심리La psychologie des foules》이다.

중 자체의 경우에도 "군중"이라는 사정과의 의미연관성은 그 정노가 다양할 수 있고 또 다양하게 해석될 수 있기 때문이다. 더 나아가 다른 사람의 행위에 대한 단순한 "모방"은—이 모방의 중요성을 가브리엘 타르드Gabriel Tarde[20]는 올바르게 강조하고 있다—다음과 같은 경우에는 개념상 특히 "사회적 행위"가 되지 못할 것이다. 즉 그 모방이 의미 차원에서 다른 사람의 행위에 맞춰 자신의 행위를 정하는 일 없이 오로지 반사적으로만 행해진다면 말이다. 이처럼 그 경계가 유동적이기 때문에 구분이 거의 불가능해 보이는 경우가 종종 있다. 그러나 어떤 사람이 다른 사람에게서 배워 알게 된 어떤 조치가 자신에게 적절하다고 생각되어 이제는 그 자신도 그런 조치를 취한다는 단순한 사실은 우리가 말하는 의미에서의 사회적 행위가 아니다. 이 행위는 다른 사람의 행동에 따라서 방향이 정해진 것이 아니다. 다른 사람의 행동 관찰을 **통해** 행위자는 특정한 객관적인 개연성을 알게 되었으므로, 그는 **이 개연성**에 따라서 방향을 정한 것이다. 그의 행위는 다른 사람의 행위에 의해 **인과적으로** 규정된 것이지 의미 차원에서 규정된 것이 아니다. 이에 반해 예를 들어 다른 사람의 행위가 "유행"이기 때문에, 또는 전통적으로 모범적인 행위로 간주되기 때문에, 또는 신분상 "고귀한" 행위로 간주되기 때문에, 또는 이와 비슷한 이유에서 모방된다면, 의미연관성이 존재한다. 이것은 모방된 자의 행

---

20 프랑스의 사회학자(1843~1904). 대표 저작은《모방의 법칙Les lois de l'imitation》(1890)이다.

동이나 제3자의 행동과의 의미연관성일 수도 있고, 또는 이 둘 모두의 행동과의 의미연관성일 수도 있다. 그 사이에는 자연스럽게 과도적 형태들이 있다. 군중의 행동과 모방이라는 두 가지 경우는 유동적이며 사회적 행위의 특수한 경우이다. 그래도 그것들은 예컨대 전통적인 행위(§2를 참조하라)에서 자주 일어난다. 두 경우가 유동적인 이유는 다른 경우와 마찬가지로 여기에서도 다음과 같다. 즉 다른 사람의 행동에 맞춰 자신의 행위의 의미를 정했다는 것은 결코 언제나 분명하게 확인할 수 없으며, 또는 자신의 행위의 의미를 **의식했다** 하더라도 완전히 의식한 경우는 더욱더 드물기 때문이다. 다른 사람의 행위가 단순히 "영향을 미치는 것"과 의미 차원에서 다른 사람의 행위에 "맞춰 행위 하는 것"은 이미 이런 이유에서 항상 확실하게 구분할 수는 없다. 그러나 개념상으로는 이 둘을 구분해야 한다. 비록 "반사적"인 모방에 지나지 않더라도 그것이 진정한 의미의 "사회적 행위"가 나타내는 모방과 **적어도** 똑같은 정도의 사회학적 의의를 갖는 것은 당연하지만 말이다. 사회학은 결코 "사회적 행위"**만**을 다루지 않는다. 이 사회적 행위는 단지 (여기서 행하는 종류의 사회학을 위해서는) 그 중심적인 사실내용, 말하자면 과학으로서의 사회학을 **구성하는** 사실내용을 이룰 뿐이다. 그렇다고 해서 이 사실내용이 다른 사실내용에 비해 더 **중요하다**고 말하는 것은 결코 아니다.

§2

사회적 행위를
규정하는 요인

모든 행위가 그렇듯이 사회적 행위도 다음과 같이 규정될 수 있다: ① **목적합리적으로** 규정될 수 있다. 이 경우 행위자는 외부 세계 대상의 사정과 다른 사람들의 행동에 대해 예상하고, 성공을 염두에 두면서 자신의 목적을 합리적으로 추구하고 신중하게 저울질한다. 이때 그 예상을 목적의 "조건"이나 "수단"으로 이용한다. ② **가치합리적으로** 규정될 수 있다. 이 경우 행위자는 어떤 특정한 태도가 순전히 그 자체로서 또 성공 여부와는 상관없이 절대적인 고유가치—윤리적, 심미적, 종교적, 또는 그 밖의 다른 성격의 고유가치—를 가졌다고 의식적으로 믿으며 행동한다. ③ **정서에 의해**, 특히 **감정적으로** 규정될 수 있다. 이 경우 행위자는 그때그때의 흥분과 감정 상태에 따라 행동한다. ④ **전통적으로** 규정될 수 있다. 이 경우 행위자는 몸에 익은 습관을 통해 행동한다.

(1) 엄밀한 의미에서 전통적인 행위는 ─ 순전히 반사적인 모방과 똑같이(앞의 §1을 보라) ─ 전적으로 우리가 "의미"에 맞춰 수행한 행위라 부를 수 있는 것의 경계선에 있으며, 이 경계선을 넘어서는 경우도 자주 있다. 왜냐하면 완전히 전통적인 행위는, 일상의 자극에 대해 이미 익숙한 태도로 둔감하게 반응하는 것에 지나지 않는 경우가 흔하기 때문이다. 모든 익숙한 일상 행위의 대부분은 이 유형에 가깝다. 이 유형이 행위 분류 체계에 들어가는 것은 단지 그것이 특수한 경우이기 때문만은 아니다. (앞으로 말하겠지만) 익숙해진 것에 대한 애착이 그 정도와 의미가 다르더라도 의식적으로 올바르게 유지될 수 있기 때문이기도 하다. 이 경우 이 행위 유형은 두 번째 유형〔가치 합리적 행위〕에 가깝다.

(2) 엄밀한 의미에서 정서적인 행동 역시 의식적으로 "의미"에 맞춘 행위의 경계선에 있으며, 이 경계선을 넘어서는 경우도 흔하다. 정서적인 행동은 비일상적인 자극에 대해 통제되지 않은 반응일 수 있다. 흥분해서 일어난 행위가 감정 상태의 의식적인 분출로 나타난다면, 그것은 하나의 **승화**이다. 이 경우 정서적인 행위는 대개 (항상 그렇지는 않지만) 이미 "가치합리화"나 목적 행위의 길에 들어섰거나, 아니면 그 둘 모두의 길에 들어서 있다.

(3) 행위의 정서적 지향과 가치합리적 지향을 구분 짓는 깃은 후자에서는 행위자가 자기 행위의 궁극적인 방향을 분명하게 의식해 정한 다음, 그 방향에 맞춰 계획적으로 **일관되게** 행동한다는 사실이다. 그 외에 이 행위 유형들은 다음과 같은 공통점을 갖고 있다. 즉 이 유형들은 행위의 의미가 행위를 넘어선 결과에 있지 않고, 특정한 성격의 행위 자체에 있다는 것이다. 정서에 따라 행위 하는 사람이란 그때그때의 복수심, 그때그때의 쾌락, 그때그때의 탐닉, 그때그때의 명상에 의한 희열에 따라 또는 그때그때의 격정의 정화작용에 따라 (이것이 격렬한 방식이든 숭고한 방식이든 상관없이) 자신의 욕구를 충족시키는 자이다. **순전히** 가치합리적으로 행위 하는 사람이란 예상되는 결과를 고려하지 않고 의무, 품위, 아름다움, 종교적 지시, 외경심, 또는 어떤 성격을 지녔든 그 "문제"의 중요함이 그에게 명령하는 것처럼 보이는 일에 대해 확신하면서 행위 하는 자이다. (우리 용어의 의미로) 가치합리적 행위란 언제나 행위자가 자신에게 부과되었다고 믿는 "명령"이나 "요구"에 따른 행위이다. 인간의 행위가 이러한 요구에 맞춰서 행해지는 한에서만—이것은 그 정도에서는 언제나 큰 차이가 있다 하더라도 대체로 아주 한정된 범위에서만은 그렇다—우리는 가치합리성에 대해 말하고자 한다. 앞으로 보게 되는 바와 같이, 가치합리성은 특수 유형으로 강조하기에 충분할 만큼 그 의의가 크다. 그렇지만 여기서는 행위의 유형에 대해 어떤 완벽한 분류를 제시하지 않겠다.

(4) 목적합리적으로 행위 하는 사람이란 목적, 수단 그리고 부차적인 결과를 염두에 두면서 자신의 행위를 정하는 자이다. 이 과정에서 그는 목적에 대해서는 수단을, 부차적인 결과에 대해서는 목적을, 끝으로 여러 가지 가능한 목적들도 서로 비교하며 합리적으로 검토한다. 따라서 어쨌든 그는 정서에 따라 (특히 감정적으로) 행위 하는 것도 **아니고** 전통적으로 행위 하는 것도 **아니다.** 이때 서로 경쟁하고 충돌하는 목적들이나 결과들 사이에서 선택하는 것은 그 자체가 가치합리성에 따른 결정일 수 있다. 이런 경우 이 행위는 그 수단에서만 목적합리적이다. 또는 행위자는 서로 경쟁하고 충돌하는 목적들을 "계명"이나 "요구"에 따른 가치합리적 지향으로 간주하지 않고, 단순히 주어진 주관적인 욕구충동으로 간주한다. 이때 행위자는 이 욕구충동들의 긴급성을 의식적으로 분명하게 저울질해서 그 등급을 매긴다. 그다음 자신의 행위를 조정해서 그 욕구충동들을 이 등급 순서에서 가능성에 따라 충족시킨다("한계효용"[21]의 원칙). 그러므로 행위의 가치합리적 지향은 목적합리적 지향과 다양한 관계에 있을 수 있다. 그렇지만 목적합리성 관점에서는 가치합리성이 언제나 **비합리적**이다. 게다가 행위가 지향한 가치를 절대적인 가치로 높이면 높일수록, 그 가치합리성은 더욱더 비합리적이 된다. 왜냐하면 가치합리성에서

---

[21] 소비자가 재화를 소비할 때 거기서 얻어지는 주관적인 욕망충족의 정도를 효용이라 하고, 재화의 소비량을 변화시키고 있을 경우 추가 1단위, 즉 한계단위의 재화의 효용을 한계효용이라 한다.

부조건석으로 행위의 고유가치(순수한 신념, 아름다움, 절대선, 절대적인 의무)만을 고려하면 할수록, 가치합리적 행위는 행위의 결과에 대해 그만큼 더 적게 심사숙고하기 때문이다. 그러나 행위의 절대적인 목적합리성도 대체적으로는 이론상으로 구성된 하나의 특수한 경우에 불과하다.

(5) 행위, 특히 사회적 행위가 **단지** 이런 방식으로**만 또는** 저런 방식으로**만** 정해지는 경우는 매우 드물다. 마찬가지로 이 지향방식들도 물론 행위의 지향방식들에 대한 완전한 분류가 결코 아니다. 이 지향방식들은 사회학적 목적을 위해 만든 개념적으로 순수한 유형이다. 현실의 행위는 이 유형들에 다소간 가깝거나, 이 유형들의 혼합물이다(이 경우가 더 흔하다). 이 유형들이 우리에게 얼마나 유용할지는 그 결과만이 보여줄 수 있다.

§3

사회적 관계

사회적 "관계"란 의미내용에 따라 서로 상대방에 **맞춰** 방향을 정한 다수의 행동을 뜻한다. 따라서 사회적 관계가 **존재하는** 이유는 전적으로, 또 오로지 다수가 (의미 차원에서) 일정한 방식으로 사회적 행위를 할 **개연성** 때문이다. 우선은 이 개연성이 어디에 근거를 두는지는 아무래도 상관없다.

(1) 그러므로 상호 간의 행위로 이루어지는 최소한의 관계가 사회적 관계라는 개념의 특징이어야 한다. 사회적 관계의 내용은 아주 다양할 수 있다: 투쟁, 적대 관계, 성적 사랑, 우정, 경외, 시장 교환, 어떤 합의의 "이행"이나 "무시" 또는 "파기", 경제상의 경쟁, 연애상의 경쟁 또는 다른 "경쟁", 신분 공동체, 민족 공동체 또는 계급 공동체

(**만약** 이런 공동체들이 단순한 공통점을 넘어서 "사회적 행위"를 만들어낼 경우. 이에 대해서는 나중에 말하겠다). 따라서 사회적 관계의 개념은 행위자들 사이에 "유대"가 존재하는지 아니면 정반대인지에 대해서는 **아무것도** 말하지 않는다.

(2) 개개의 경우 실제로나 평균적으로 또는 이론적으로 구성한 "순수한" 유형에서 항상 중요한 것은 참여자들이 **생각한** 경험적 의미내용이지, 결코 규범적으로 "올바르거나" 형이상학적으로 "진정한" 의미가 아니다. "국가", "교회", "협동조합", "결혼" 등과 같은 소위 "사회제도"의 경우에도 사회적 관계가 존재하는 이유는 전적으로 또 오로지 다음과 같은 **개연성** 때문이다. 즉 그 의미내용에 따라 일정한 방식으로 서로 상대방에 맞춘 행위가 일어났고, 일어나고 있고, 또는 일어날 것이라는 개연성 때문이다. 이 개념들에 대한 "실체적인" 해석을 피하기 위해 이 점을 항상 분명히 해두어야 한다. 예를 들어 "국가"는 의미를 지향한 특정한 사회적 행위가 진행될 개연성이 사라지는 즉시 더 이상 사회학적으로 "존재하지" 않는다. 이 개연성은 매우 클 수도 있고 대단히 적을 수도 있다. 이 개연성이 실제로 (추정컨대) 존재했거나 존재한다는 의미에서 그리고 실제로 존재했거나 존재하는 **정도만큼**, 해당되는 사회적 관계도 존재했거나 존재한다. 가령 어떤 특정한 "국가"가 아직도 "존재"한다거나 또는 더 이상 "존재"하지 않는다는 진술은 결코 위와 다른, 어떤 **분명한** 의미를 가질 수 없다.

(3) 우리는 결코 다음과 같이 말하는 것이 아니다. 즉 서로를 염두에 둔 행위에 참여하는 자들이 개개의 경우 똑같은 의미내용을 사회적 관계에 부여한다고 말하는 것이 아니다. 또는 그들이 상대방에 대해 의미 차원에서 그의 태도에 맞게 내적인 태도를 취한다고 말하는 것이 아니다. 다시 말하면, 이런 의미에서의 "사회성"이 사회적 관계에 존재한다고 말하는 것이 아니다. 한쪽 편이 가지고 있는 "우정", "사랑", "경외심", "계약상의 신의", "민족 공동체 감정"은 상대편의 전혀 다른 태도에 부딪힐 수 있다. 그럴 경우 참여자들은 자신의 행위에 서로 다른 의미를 부여한다: 그만큼 사회적 관계란 양쪽의 입장에서 볼 때 객관적으로는 "일방적"이다. 그럼에도 이 경우 사회적 관계가 서로 맺어지는 것은 행위자가 상대편이 자신(행위자)에 대해 특정한 태도를 갖고 있을 것으로 **전제하고** (아마도 이것은 완전히든 부분적으로든 틀렸을 것이다) 이 기대에 맞춰 자신의 행위를 정하는 한에서이다. 그런데 이는 행위의 진행과정과 관계 형성에 영향을 줄 수 있고 또 대부분의 경우 영향을 준다. 물론 의미내용이 서로—참여자 각각의 평균적인 **기대**에 따라—"일치하는" 한에서만 사회적 관계는 객관적으로 "쌍방적"이다. 따라서 예를 들면, 아버지에 대한 아이의 태도는 아버지가 (개개의 경우에 또는 평균적으로 또는 전형적으로) 기대하는 것과 적어도 대체로 일치한다. 서로 간에 의미가 완전히 철저하게 일치하는 태도에 입각해서 하나의 사회적 관계가 성립된다면, 이 사회적 관계는 현실에서는 특수한 경우일 뿐이다. 그러나 우리의 용어상 상호성이 결여되어 있기 때문에 "사회적 관계"가 존재하지 않는다고

말할 수 있는 경우는 상호성의 결여가 다음과 같은 결과를 가질 때뿐이다. 즉 쌍방의 행위에 상호연관성이 실제로 존재하지 않을 때뿐이다. 여기에서도 다른 경우들과 마찬가지로 현실에서는 갖가지 종류의 이행 단계들이 있기 마련이다.

(4) 사회적 관계는 아주 일시적인 성격의 것일 수도 있고, 또는 지속적일 수도 있다. 지속적인 경우란 의미와 일치하는 (말하자면, 그 의미에 관해서 유효하고 따라서 기대되는) 행동이 계속 **반복**될 개연성이 있게끔 사회적 관계가 이루어지는 경우이다. 이 개연성이 존재한다는 것만이—따라서 의미와 일치하는 행위가 일어날 다소간의 큰 **개연성**이 존재한다는 것만이—사회적 관계의 "존속"이라는 말이 의미하는 것이며, 그 외의 다른 것을 의미하지 않는다. 잘못된 생각을 피하려면 이 점을 항상 명심해야 한다. 그러므로 "우정" 또는 "국가"가 존재한다거나 존재했다는 말은 전적으로 다음과 같은 것을 의미할 뿐이다. 즉 우리(관찰자들)가 판단하기에, 특정한 사람들은 어떤 특정한 성격의 태도에 근거해서 평균적으로 생각한 의미에 따라 일정한 방식으로 행위 하며, 결코 다른 식으로는 행위 하지 않을 개연성이 있거나 있었다는 것이다(앞의 (2)를 참조하라). 법학적 고찰에서는, 특정한 의미의 법규범이 (법적 의미에서) 타당한지 아닌지, 즉 법적 관계가 존재하는지 아닌지를 결정하는 것이 불가피하다. 그러나 이러한 양자택일은 사회학적 고찰에서는 통용되지 않는다.

(5) 한 사회적 관계의 의미내용은 변할 수 있다. 예를 들어 정치적 관계는 연대에서 이해관계의 충돌로 돌변할 수 있다. 이 경우 "새로운" 관계가 만들어졌다고 말할 것인지, 아니면 오랜 관계가 존속하지만 새로운 "의미내용"을 얻었다고 말할 것인지는 용어의 적절성 문제이자 변화의 **연속성** 정도의 문제에 불과하다. 의미내용도 일부는 지속적일 수 있고, 일부는 변할 수 있다.

(6) 하나의 사회적 관계를 **지속적으로** 구성하는 의미내용은 "준칙"으로 공식화될 수 있다. 그리고 그 관계의 참여자들은 단수 또는 복수의 상대방이 이 준칙을 평균적으로 또는 의미상 가깝게 준수할 것이라고 **기대할** 뿐만 아니라 자신들도 (평균적으로 또는 대략적으로) 그 준칙에 맞춰 자신들의 행위를 결정한다. 이것은 해당 행위가 일반적인 성격에서 볼 때—목적합리적으로든 가치합리적으로든—합리적일수록 더욱더 그러하다. 에로틱한 관계에서나 대체로 정서적인 (가령 경외) 관계에서는 생각한 의미내용을 합리적으로 공식화할 가능성이 당연히 사업상 계약 관계의 경우보다 훨씬 더 적다.

(7) 한 사회적 관계의 의미내용은 상호동의를 통해 **합의될** 수 있다. 이것이 의미하는 바는 그 관계의 참여자들이 자신들의 미래 행동에 대해서 (상호 간이든 제3자에 대해서든) **약속**한다는 것이다. 그러면 그 참여자들 각자는—그가 합리적으로 숙고하는 한—우선 (그 확실성은 다양하지만) 상대방도 행위자 자신이 이해한 합의의 의미에 맞춰

행동할 것이라고 보통 기대한다. 각자가 한편으로는 목적합리적으로 이 기대에 따라 (다소간에 의미 차원에서 이 기대에 "충실하게") 행동하고, 다른 한편으로는 가치합리적으로 "의무감"에 따라 행동한다. 즉 동의한 합의를 그 자신도 그가 생각한 의미에 맞게 "지켜야 한다"는 의무감에서 말이다. 여기서는 이 정도만 미리 말한다. 그 밖의 것에 대해서는 §9와 §13을 참조하라.

§4

사회적 행위의 유형 : 관례와 관습

사회적 행위 안에서는 실제적인 규칙성이 관찰될 수 있다. 여기서 규칙성이란 동일한 행위자의 경우 대체로 똑같은 **의미를 생각하며** 반복하는 행위과정을 뜻하거나, 또는 수많은 행위자들의 경우 (또한 사정에 따라서는 동시에) 널리 퍼져 있는 행위과정을 뜻한다. 사회학은 행위과정의 이러한 **유형**을 연구하는 반면에, 역사학은 중요한 개별적인 사건, 즉 인류의 운명에 결정적인 영향을 미친 개별적인 사건의 인과귀속을 연구한다.

어떤 사회적 행위가 **규칙적으로** 발생할 실제적인 개연성을 관례라고 부를 수 있는 경우는, 한 인간 집단 안에 그 규칙성이 존재하는 개연성이 오로지 실제적인 수행을 통해 주어질 때이다. 또 이런 경우에 한해서 우리는 그런 개연성을 **관례**라고 부를 것이다. 그리고 실제적인 수행이 오랫동안의 익숙함에 기초할 경우, 관례는 **관습**이라고 불릴 것이다. 반면에 관습이 "이해관계 상황에 의해 생겨났다"("이해 관계에 의해 야기되었다")고 말할 수 있는 경우는, 관습의 경험적인 존속 개연성이 오로지 개개인이 똑같이 기대하며 순전히 목적합리적으로 행위 한다는 조건에 달려 있을 때이며 또 그런 한에서이다.

(1) "유행"도 관례에 속한다. "관습"과 달리 "유행"을 관례라고 부를 수 있는 이유는 해당 행동이 **새롭다**는 사실이 그 행위를 하는 원인이 되기 때문이다(이것은 관습의 경우와는 정반대이다). 유행은 "인습"과 인접해 있다. 왜냐하면 유행은 (대개) 인습과 마찬가지로 **신분의** 위세에 대한 관심에서 생겨나기 때문이다. 여기서는 유행을 더 자세히 다루지 않겠다.

(2) "관습"이란 "인습"이나 "법"과는 달리 외부에서 작용하는 구속력이 **없는** 규칙을 말한다. 행위자는 실제로 단순히 "생각 없이"든, "편의상"이든, 아니면 다른 어떤 이유에서든 간에 자발적으로 이 규칙을 항상 준수한다. 그는 같은 집단의 다른 사람들도 이런 이유에서 아마도 그 규칙을 준수할 것이라고 기대할 수 있다. 따라서 이런 의미의 "관습"은 법적으로 "유효한 것"이 아닐 것이다. 어느 누구도 관습에 동참하라고 "요구받지" 않는다. 물론 관습에서 유효한 **인습** 또는 **법**으로의 이행은 전적으로 점진적이다. 어디서나 실제로 전승된 것이 유효한 것의 아버지였다. 우리가 아침에 대충 일정한 방식의 아침

식사를 하는 것은 오늘날 "관습"이다. 그러나 그렇게 아침식사를 해야 할 "의무"는 없다(호텔 투숙객의 경우는 제외한다). 그리고 그것이 항상 관습은 아니었다. 이에 반해 옷차림 방식은 그것이 "관습"에서 생겨났다 하더라도, 오늘날 상당 부분은 관습일 뿐만 아니라 관례이기도 하다. 관례와 관습에 대해서는 루돌프 폰 예링Rudolf von Jhering[22]의《법의 목적Zweck im Recht》(제2권)에 수록된 해당 장章들이 오늘날에도 읽어볼 가치가 있다. 파울 외르트만Paul Oertmann[23]의《법질서와 거래관습Rechtsordnung und Verkehrssitte》(1914)도 참조하라. 그리고 최근 것으로는 에른스트 바이겔린Ernst Weigelin[24]의《관습, 법 그리고 도덕Sitte, Recht und Moral》(1919)을 참조하라(이 책은 나와 견해를 같이하면서 슈탐러를 반박하고 있다).

(3) 사회적 행위, 특히 경제적 행위(그러나 이것만은 아니다)에서 매우 눈에 띄는 수많은 규칙성은 결코 "타당하다"고 간주되는 어떤 규범을 준수하는 것에서 기인하는 것도 아니지만, 그렇다고 해서 관습에서 기인하는 것도 아니다. 그런 규칙성은 오로지 다음과 같은 사실에 기인한다. 즉 참여자들은 당연히 자신들의 통상적이며 주관적으로 평가된 **이해관계**에 평균적으로 가장 잘 맞는 방식으로 사회적

---

22 독일의 법학자(1818~1892). 법의 사회적 실용성을 중시한 목적법학目的法學을 주장했다.

23 독일의 민법학자(1865~1938).

24 독일의 법학자(?~?).

행위를 하므로, 그들은 이러한 주관적인 견해와 지식에 따라서 행위를 한다. 예컨대 "자유" 시장에서 일어나는 가격 형성의 규칙성이 그러하다. 시장 참여자들은 자신들의 **전형적인** 주관적 경제이익은 "목적"으로 삼고, 다른 사람들의 예상되는 행동에 대해서 자신들이 품고 있는 전형적인 기대는 "조건"으로 삼는다. 그들은 이러한 "목적"과 "조건"에 맞춰 목적을 달성하기 위한 수단으로 자신들의 행동을 규정한다. 이처럼 **엄격하게** 목적합리적으로 행동하면 **할수록** 그들은 주어진 상황에 대해 더욱더 비슷하게 반응하기 때문에, 태도와 행위의 동일성, 규칙성 및 지속성이 생겨난다. 행위가 한 무리의 사람들에게 "구속력이 있다"고 간주되는 규범과 의무에 따라 수행될 때보다, 그런 경제행위가 안정적일 때가 훨씬 더 많다. 이런 현상, 즉 자기 자신과 다른 사람의 적나라한 이해관계 상황에 맞춰 행동할 때 생기는 효과가 규범으로 규제해서 얻으려고 한—많은 경우 성과가 없지만—효과와 대등하다는 현상은 특히 경제 영역에서 큰 주목을 받아왔다. 이러한 현상이야말로 과학으로서의 국민경제학을 탄생시킨 원천 중 하나였다. 그러나 이 현상은 행위의 모든 영역에서 비슷한 방식으로 나타난다. 이 현상은 의도적으로 행해질 뿐만 아니라 내적 자유에 따른 것이기도 하므로, 단지 익숙한 "관습"에의 순응에 따른 모든 종류의 내면적 구속과는 정반대의 대조를 이루며, 다른 한편으로는 가치합리적으로 옳다고 믿는 규범에 대한 헌신과도 정반대의 대조를 이루고 있다. 행위의 "합리화"가 지닌 하나의 본질적인 요소는 익숙한 관습에의 내면적인 순응이 이해관계 상황에 대한 계획적인 적응으로 대체되는 것이다. 물론 이 과정이 행위의 "합리화" 개념의 모든 내용은 아니다. 왜냐하면 이러한 행위의 "합리화"는 그 외에도 긍정적으로는 의식적인 가치합리화 방향으로 진행될 수 있기 때문이다. 그리고 그것은 부정적으로는 관습뿐만 아니라 정서적 행위도 희생시키며, 결국은 가치합리적으로 구속력 있는 행위를 희생시키면서 가치를 믿지 **않고** 순전히 목적합리적인 행위를 선호하는 방향으로도 진행될 수 있기 때문이다. 행위의 "합리화" 개념의 이러한 **다의성**多義性은 앞으로 자주 논의될 것이다. (이에 대한 개념상의 문제는 **결론**에서 언급하겠다![25])

(4) (단순한) **관습**의 안정성은 본질적으로 다음과 같은 사실에 기초해 있다. 즉 행위 할 때 관습을 따르지 않는 자는 "부적절하게" 행위 하는 자라는 것이다. 말하자면 주위의 많은 사람이 일단 관습의 존재를 고려하고 그 관습에 맞게 행위 하는 한, 그는 크고 작은 불편함과 손해를 감수해야 한다는 것이다.

마찬가지로 **이해관계 상황**의 안정성도 다음과 같은 사실에 기초한다. 즉 다른 사람들의 이해관계를 염두에 두지 않고 행위 하

---

25 미국의 사회학자 텔컷 파슨스Talcott Parsons(1902~1979)는 그가 번역하고 해설을 붙인《막스 베버: 사회 및 경제 조직의 이론Max Weber: The Theory of Social and Economic Organization》[Oxford University Press, New York, 1964(1947)]에서 다음과 같이 각주를 달았다: "베버의 이 언급이 무엇을 가리키는지는 확인할 수 없었다. 그것은 아마도 그가 계획했지만 결국 쓰지 못한 저작의 결론을 가리키는 것 같다"(p. 123).

는—이 다른 사람들을 "고려하지" 않는—자는 이들의 반발을 일으키거나, 또는 자신이 원하지도 않았고 예상하지도 못한 결과를 초래하므로 자신의 이익이 손상될 위험을 안게 된다는 것이다.

§5
정당한 질서의 개념

행위, 특히 사회적 행위와 다른 한편으로는 특히 사회적 관계에 참여하는 자들은 정당한 질서의 존재를 **생각하며** 입장을 취할 수 있다. 이것이 실제로 일어날 개연성을 우리는 해당 질서의 "타당성"이라고 부를 수 있을 것이다.

(1) 따라서 어떤 **질서**가 "타당하다"는 것은 우리에게는 관습이나 이해관계 상황에 의해 규정된 어떤 사회적 행위과정의 규칙성 이상을 의미한다. 가구운반회사가 정기적으로 이사철에 맞춰 광고한다면, 이 규칙성은 "이해관계 상황"에 의해 생겨났다. 한 소매상인이 특정 날짜나 요일에 특정 고객층을 방문한다면, 이것은 익숙해진 관습이거나 아니면 마찬가지로 그의 이해관계 상황의 산물일 것이다(그

의 영업 구역의 순회). 그러나 한 관료가 매일 일정한 시각에 사무실에 나타난다면, 이것은 익숙한 습관(관습) 때문에 일어나는 것**만도** 아니고(물론 그렇기도 하지만 말이다), 그가 임의로 따를 수도 따르지 않을 수도 있는 자신의 이해관계 상황 때문에 일어나는 것**만도** 아니다(물론 그렇기도 하지만 말이다). 그것은 (대개는 또한) 명령으로서의 질서(근무 규정)의 "타당성" 때문에 일어나는 것이다. 명령 위반은 불이익을 가져올 뿐만 아니라—보통은—그의 "의무감" 때문에도 (이 의무감이 작용하는 정도는 지극히 상이하겠지만) 가치합리적으로 기피하는 것이다.

(2) 우리가 한 사회적 관계의 의미내용을 "질서"라고 부를 수 있는 경우는 ① 행위가 (평균적으로 또는 대개) 일정한 "준칙들"에 맞춰 수행될 때뿐이다. 여기서 우리가 질서를 "타당하다"고 말할 수 있는 경우는 ② 다음과 같은 경우뿐이다. 즉 적어도 이 준칙들이 어떤 식으로든 행위에 **대해** 타당하다고—다시 말하면, 구속력이 있거나 모범적이라고—간주되어 (사실상 중요한 정도로) 사람들이 실제로 그 준칙들을 따르는 경우뿐이다. 실제로 행위가 어떤 질서를 따르는 일은 참여자들에게는 매우 다양한 동기에서 발생하는데, 이는 당연하다. 그러나 다른 동기들과 **함께**, 적어도 행위자들의 일부에게는 모범적이거나 구속력이 있는 것으로, 따라서 마땅히 타당한 것으로 여겨진다. 이러한 사정은 그들이 이 질서에 맞춰 행위 할 개연성을 당연히 증대시킨다. 그것도 종종 매우 상당한 정도로 말이다. 목적합리적인 동기로**만** 준수되는 질서는 단지 관습에 의해서, 즉 익숙해진 행동으로부

터 생겨나는 이 질서에의 지향—이것은 모든 내면적인 태도 중 가장 흔한 형태이다—보다 일반적으로 훨씬 더 불안정하다. 그러나 그러한 질서는 모범성이나 구속성이라는 위세를 가지고—말하자면, "정당성"의 위세를 가지고—나타나는 질서보다 한층 더 불안정하다. 물론 현실에서는 단순히 전통적인 동기에서 또는 목적합리적인 동기에서 어떤 질서를 준수하는 것과 그 질서가 정당하다고 믿는 것 간의 경계가 전적으로 유동적이다.

(3) 사람들이 어떤 "질서"가 타당하다고 생각해 이에 따른 행동을 취할 수 있는 것은 그 질서의 (평균적으로 이해된) 의미를 "준수"하기 때문만은 아니다. 그 질서가 지닌 (평균적으로 이해된) 의미의 "회피"나 "위반"의 경우에도 어느 정도로든 존재하는 (구속력 있는 규범으로서의) 타당성은 **작용할** 개연성이 있다. 우선은 순전히 목적합리적으로 작용할 개연성이 있다. 도둑은 형법의 "타당성"을 염두에 두고 행동하기 때문에 자신의 행위를 숨긴다. 질서가 한 인간 집단 안에서 "타당하다"는 것은 도둑이 그 질서 위반을 **숨겨야 한다**는, 바로 그 점에서 나타난다. 그러나 이런 특수한 경우를 제외하면, 질서 위반은 매우 흔하게 어느 정도 사소한 많은 위반에 한정된다. 또는 질서 위반자들은 자신들이 정당하다고 주장하기도 한다. 물론 그 선의의 정도는 다양하다. 또는 실제로 질서의 의미에 대한 다양한 견해들이 병존하는데, 이 경우—사회학에서는—각각의 견해가 "타당"하다. 그 견해들이 실제 행동을 규정하는 한에서는 그렇다. 사회학이 전혀 어렵지 않

게 인정하는 것은 다양하면서도 서로 **모순되는** 질서들이 동일한 인간 집단 안에 병존한다는 사실이다. 왜냐하면 더군다나 한 개인은 자신의 행위의 방향을 서로 모순되는 질서에 맞춰 정할 수 있기 때문이다. 이것은 일상적으로 일어나듯이 순차적인 행위뿐만 아니라 동일한 행위를 통해서도 가능하다. 결투를 벌이는 자는 명예규범에 따라 행위를 한다. 그러나 그가 이 행위를 숨기거나 아니면 반대로 법원에 자수할 경우, 그는 형법에 따라 행위를 하는 것이다. 물론 어떤 질서의 (평균적으로 믿어온) 의미를 회피하거나 위반하는 것이 **통례**가 되었다면, 그 질서는 여전히 제한적으로만 타당하거나 아니면 결국 더 이상 타당하지 않게 된다. 그러므로 어떤 특정한 질서의 타당성과 비타당성 간의 절대적인 양자택일이 사회학의 경우에는 존재하지 않는다. 법학의 경우와는 다르다(법학의 경우는 그것의 불가피한 목적 때문에 그렇다). 오히려 두 경우 사이에는 점진적인 이행이 존재한다. 이미 언급한 바와 같이 서로 모순된 질서들이 나란히 "타당할" 수 있다. 여기서 이 말의 의미는, 즉 각각의 질서는 행위가 실제로 그 질서에 맞춰 이루어질 **개연성**이 존재하는 한에서 타당하다는 것이다.

　문헌에 정통한 사람이라면 이 글의 머리말에서 인용한 슈탐러의 책에서 "질서" 개념이 하는 역할을 상기할 것이다. 슈탐러의 책은 의심할 것 없이 —그의 모든 저작과 마찬가지로— 뛰어난 문체로 쓰여 있지만, 근본적인 오류를 저질렀으며 문제들을 치명적인 혼란에 빠뜨리고 있다(이에 대해서는 이 글 머리말에서 인용된 나의 논평을 참조하라. 이 논평은 그가 일으킨 혼란에 화가 나서 유감스럽게도 그 형식이 약간 신랄하다). 슈탐러는 경험적 타당성과 규범적 타당성을 구분하지 않을 뿐만 아니라 더 나아가 사회적 행위가 "질서"만을 기준으로 해서 수행되는 것이 아니라는 점도 간과하고 있다. 그러나 무엇보다도 그는 질서를 사회적 행위의 "형식"으로 취급하는데, 이것은 논리적으로 완전히 잘못된 방식이다. 그래서 그는 이 형식이 "내용"에 대해서 하는 역할을 "형식"이 인식론에서 하는 역할과 비슷한 것으로 서술한다(다른 오류들은 전혀 문제삼지 않겠다). 예를 들어 (일차적으로) 경제행위(제2장[26])가 실제로 염두에 두는 것은 (예상한) 수요에 비해 수요충족에 필요한 특정한 가용수단이 부족하다는 관념과 현재와 미래의 예상되는 제3자들의 행위이다. 이들도 똑같은 수단을 얻으려고 하기 때문이다. 그러나 그 행위는 **이 과정**에서 자신의 "경제" 조치를 **선택할 때**, 당연히 **그 외에도** 행위자가 법과 인습으로서 "타당하다"고 인지한 그런 질서를 바탕으로 한다. 그리고 그는 그것들을 위반할 경우 제3자가 특정한 반응을 보일 것이라는 사실을 알고 있다. 지극히 단순한 이 경험적인 사정을 슈탐러는 완전히 뒤엉켜 놓았다. 특히 "질서"와 실제 행위 간 인과관계를 파악하는 것은 불가능하다고 설명했다. 질서의 법률적 – 교의적인, 규범적 타당성과 어떤 경험적인 과정 사이에는 실제로 아무런 인과관계가 없으며, 다음과 같은 질문만이 있을 뿐이다: 경험적인 과정은 (올바르게 해석된) 질서와 법적으로 "관련이 있는가?" 따라

---

26 《경제와 사회》 제2장 〈경제행위의 사회학적 기본범주 Soziologische Grundkategorien des Wirtschaftens〉.

서 이 질서는 그 과정에 **대해** (규범적으로) 타당해야 **하는가**? 만약 그렇다면, 무엇이 이 질서가 그 과정에 대해서 규범적으로 타당해야 한다고 말하는가? 그러나 평균적으로 이렇게 저렇게 이해된 질서의 타당성 **관념**에 맞춰 행위가 이루어질 개연성과 경제행위 사이에 (경우에 따라) 아주 일반적인 의미에서의 인과관계가 존재한다는 것은 자명하다. 그러나 사회학에서는 오로지 이 관념에 맞춰 행위가 이루어질 개연성만이 **바로 그** 타당한 질서**이다**.

§6

정당한 질서의 종류:
인습과 법

질서의 정당성은 다음과 같이 **보장될** 수 있다:

(1) 순전히 내면적으로, 좀 더 정확히 말하면 ① 순전히 정서적으로: 감정적인 헌신에 의해서 보장될 수 있다. ② 가치합리적으로: 질서의 절대적인 타당성을 궁극적인 가치, 즉 소중히 여길 의무가 있는 가치(도덕적 가치, 심미적 가치 또는 다른 어떤 가치)의 표현으로 믿는 것에 의해서 보장될 수 있다. ③ 종교적으로: 구원재의 소유가 그 질서의 준수에 달려 있다고 믿는 것에 의해서 보장될 수 있다.

(2) 또한 특정한 외적인 결과를 기대하는 것에 의해서도(또는 기대하는 것에 의해서만), 즉 이해관계 상황을 통해 보장될 수 있다. 그러나 이러한 기대는 특수한 종류의 기대이다. 질서는: ① 다음과 같을 때

는 인습이라고 불러야 할 것이다. 질서를 위반할 경우 일정한 인간 집단 안에서 (비교적) 일반적이면서 실제로 느낄 수 있는 비난을 받을 개연성에 의해서 질서의 타당성이 외적으로 보장되고 있을 때. ② 다음과 같을 때는 법이라고 불러야 할 것이다. 질서의 준수를 강요하거나 위반을 처벌하는 일을 **특별히** 맡은 **직원들**이 (신체적으로든 심리적으로든) 강제력을 행사할 개연성에 의해서 질서가 외적으로 보장되고 있을 때.

인습에 대해서는 앞에서 언급한 예링의 책, 바이겔린의 책 외에 퇴니에스의 《관습Die Sitte》(1909)을 보라.

(1) 인습이란 한 인간 집단 안에서 타당하다고 인정된 관습으로서, 위반할 경우 비난받는 것을 통해 보장된다. (여기서 사용되는 말의 의미에서의) 법과는 달리 인습에는 특별히 그것을 강제하는 일을 맡은 인적 **집행부**가 없다. 슈탐러는 복종의 절대적인 "자발성"으로 인습과 법을 구분하려고 하지만, 이것은 통상적인 언어관습과 일치하지 않으며, 또한 자신의 사례에도 적절하지 않다. (통상적인 의미에서의) "인습"의 준수—가령 통상적인 인사, 단정하다고 간주되는 복장, 교제의 형식과 내용의 제한—는 개개인에게 구속력이 있는 것으로든 모범적인 것으로든 매우 진지하게 요구된다. 인습의 준수는—가령 자신의 요리를 특정한 방식으로 조리하는 단순한 "관습"처럼—결코 자의에 맡겨지지 않는다.

인습("신분관습")의 위반은 종종 신분 구성원들의 사회적 배척이라는 지극히 효과적이고 가혹한 결과를 초래한다. 그래서 인습의 위반은 그 어떠한 법적 강제가 할 수 있는 것보다 더 강력하게 처벌받는다. 단지 인습의 준수를 보장하는 특수 행위에 종사하는 특별한 인적집행부(우리의 경우: 판사, 검사, 행정관료, 집행관 등)가 없을 뿐이다. 그러나 이행은 점진적이다. 한 질서가 인습에 의해 보장되는 것과 법에 의해 보장되는 것 간의 경계에 있는 경우는 형식을 갖춰서 위협하는 **조직적인** 배척의 실시이다. 이러한 배척은 우리의 용어로는 이미 법적 강제수단일 것이다. 인습이 단순한 비난 이외에 다른 수단(가령 인습에 위배되는 행동을 할 경우 내쫓는 것)을 통해서도 보호된다는 것은 우리의 관심대상이 아니다. 왜냐하면 결정적인 것은 이 경우에도 인습에 따른 비난에 의거해 (종종 극단적인) 이 강제수단을 사용하는 것은 **개인**이지 강제수단을 사용하기 위해 특별히 설치된 인적**집행부**는 아니기 때문이다.

(2) 우리가 볼 때 "법" 개념에서 (다른 목적을 위해서는 이 개념을 전혀 다르게 규정할 수도 있지만) 결정적인 것은 강제 **집행부**의 존재이다. 이 집행부는 물론 오늘날 우리에게 익숙한 것과 똑같을 필요는 전혀 없다. 특히 "재판" 법정이 존재할 필요는 없다. 씨족도 (피의 복수와 결투의 경우에는) 그러한 집행부이다. **만약** 그들의 대응방식에 어떤 종류의 질서가 실제로 적용된다면 말이다. 물론 이 경우는 "법적 강제"라고 부를 수 있는 것에서 가장 먼 경계선에 있다. 주지하다시피 "국제법"은 법으로서의 "자격"이 언제나 문제되었다. 왜냐하면 국제법에

는 초국가적인 강제력이 없기 때문이다. 여기에서 (목석에 맞는 것으로) 선택한 용어인데도 실제로 다음과 같은 질서는 "법"이라고 말할 수 없다. 즉 외적으로는 오로지 피해자의 비난과 보복에 대한 기대만으로 보장되는 질서, 다시 말하면 인습과 이해관계 상황을 통해서만 보장될 뿐 **특별히** 질서 유지를 담당하는 인적집행부가 존재하지 않는 질서는 "법"이라고 말할 수 없을 것이다. 그럼에도 불구하고 법률용어에서는 그 반대 견해가 충분히 유효할 수 있다. 강제**수단**은 중요하지 않다. 많은 종파에서 죄인에 대한 가벼운 강요의 첫 번째 수단으로 흔히 사용한 "우애 어린 훈계"도 법에 속한다. 비록 이런 훈계는 규칙으로 정해져 있었으며 집행부가 수행했지만 말이다. 마찬가지로 예를 들어 행동의 "도덕적인" 규범을 보장하는 수단으로서 검열관의 질책 역시 법에 속한다. 그리고 교회의 고유한 징계수단을 통한 심리적 강제는 더욱 그렇다. 그러므로 정치적으로 보장된 "법", 협회 정관이나 가문의 권위에 의해 또는 협동조합이나 단체에 의해 보장된 "법"이 있는 것과 마찬가지로 성직자 정치에 의해 보장되는 법도 당연히 있다. 이러한 개념 규정에 따르면 "대학생들 간의 관례"의 규칙도 "법"으로 간주되며, 민사소송법 제888조 제2항(집행 불가능한 법들)의 경우도 당연히 여기에 속한다. "불완전한 법률"과 "청구권이 없는 현물채무"는 강제적용의 한계나 조건이 **간접적으로** 표현된 법률 언어의 형식이다. 강제로 시행되는 "교통관습"은 그러한 한에서 **법**이다 (민법전 제157조, 제242조). "미풍양속"(인정할 만하고 따라서 법에 의해서 제재 조치가 취해지는 관습) 개념에 대해서는 다음을 참조하라:《테오도

어 해링[27] 기념논집 Schwäbischen Heimatgabe für Theodor Häring》(1918)에 실린 막스 뤼멜린Max Rümelin[28]의 논문.

(3) 모든 타당한 질서가 반드시 일반적이고 추상적인 성격을 가진 것은 아니다. 예를 들어 타당한 "법규"와 어떤 구체적인 경우에 대한 "법 판결"은 결코 어떤 상황에서도 오늘날 우리가 정상으로 여기는 그런 방식으로 서로 구분되지 않는다. 따라서 하나의 "질서"는 단지 하나의 구체적인 사태의 질서로도 나타날 **수 있다**. 그 외 모든 자세한 것은 법사회학에 속한다. 달리 언급하지 않는 한, 우리는 우선 목적에 맞게, 법규와 법 판결의 관계에 대한 현대적인 사고방식으로 작업할 것이다.

(4) "외적으로" 보장된 질서는 그 외에 "내적으로"도 보장될 수 있다. 법, 인습 그리고 "윤리" 간 관계는 사회학에서는 문제가 되지 않는다. 사회학에서 "윤리" 기준이란 인간의 가치합리적 **믿음**의 특정한 한 종류를 규범으로서 인간 행위에 적용하는 것인데, 이때 인간 행위는 "도덕적으로 선하다"는 평판을 요구한다. 이것은 "아름답다"는 평판을 요구하는 행위가 심미적 기준에 따라 평가되는 것과 같다. 이런 의미에서의 윤리규범 관념은 행위에 깊은 영향을 주면서도 아무

---

27 독일의 복음주의 신학자(1848~1928).
28 독일의 법학자(1861~1931).

런 외적 보장을 필요로 하지 않을 수 있다. 후자의 경우 윤리규범의 위반이 다른 사람의 이해관계에 거의 영향을 주지 않을 때 흔히 있는 일이다. 다른 한편으로는 윤리규범 관념은 매우 자주 종교적으로 보장된다. 그러나 윤리규범 관념은 (여기서 사용되는 용어의 의미에서) 인습적으로, 즉 위반했다는 비난과 배척을 통해 보장될 수도 있고, 법적으로, 즉 형법상의 조치나 치안 조치 또는 민법상의 결론을 통해 보장될 수도 있다. 실제로—사회학의 의미에서—"타당한" 모든 윤리는 그것을 위반하면 비난받을 개연성으로 인해, 즉 인습적으로 보장받는 경우가 상당히 많다. 그러나 다른 한편으로는 인습적으로든 법적으로든 보장된 모든 질서가 **윤리**규범의 성격을 필요로 하는 것은 아니다(적어도 반드시 그런 것은 아니다). 흔히 순전히 목적합리적으로 제정된 법질서는 인습에 따른 질서보다 전반적으로 윤리규범의 성격이 훨씬 적다. 사람들 사이에 널리 퍼져 있는 타당성 관념이 "윤리" 영역에 속하는 것으로 볼 수 있는지 없는지(따라서 "단순한" 인습인지 아니면 "단순한" 법규범인지)는 경험사회학에서는 해당 인간 집단에서 실제로 타당했거나 타당한 "윤리적인 것"이라는 개념에 따라 결정될 수밖에 없다. 그러므로 **경험사회학으로서는** 이에 대해 일반적인 진술을 할 수 없다.

§7
정당한 질서의 타당성 근거:
전통, 믿음, 규약

행위자는 다음과 같은 근거에서 한 질서에 **정당한** 타당성이 있다고 생각할 수 있다.

① **전통**에 근거해서: 항상 존재한 것의 타당성.

② **정서적인** (특히 감정적인) 믿음에 근거해서: 새롭게 계시된 것 또는 모범적인 것의 타당성.

③ **가치합리적** 믿음에 근거해서: 절대적으로 타당하다고 추론된 것의 타당성.

④ 그 **합법성**을 신뢰할 수 있는 실정법에 근거해서: 참여자들은 이 합법성을 다음과 같은 근거로 정당하다고 간주할 수 있다.

α. 이 합법성에 대한 이해관계자들의 합의에 근거해서.

β. (**정당하다고** 간주되는 인간에 대한 인간의 지배에 기초한) 강요와 복

종(아래 §13을 보라)에 근거해서.

더 자세한 내용은 (앞으로 정의해야 할 몇 가지 개념을 제외하면) 지배
사회학과 법사회학에 속한다. 여기서는 다음의 것만을 언급한다.

(1) 전통을 신성시함으로써 질서의 타당성이 확보되는 것은 가장
보편적이면서 원초적인 현상이다. 사람들은 주술에 의한 불이익에
대해 불안해했는데, 이 불안 때문에 익숙한 행위습관에 가해지는 모
든 변화에 대해서 심리적으로 강하게 저항했다. 그리고 기존의 타당
한 질서에 사람들이 계속 복종하는 것에서 이익을 얻는 자들의 다양
한 관심은 그 질서를 유지하는 방향으로 작용했다. 이이 대해서는 제
3장[29]을 보라.

(2) 질서를 의식적으로 새롭게 창조한다는 것은 원래 거의 항상
예언적 신탁이었거나, 아니면 적어도 예언에 의해 인가된 선포, 그
자체가 신성하다고 믿어진 선포였다. 고대 그리스의 아이심네타
이Aisymnetai[30]들의 법령에 이르기까지 그러했다. 그때의 복종은 예언
자의 정당성에 대한 믿음에 달려 있었다. 질서를 새로 계시하지 않고

---

29 《경제와 사회》 제3장 〈지배의 유형〉.
30 무제한적으로 통치하는 절대적인 지배자. 특히 불법적으로 권력을 장악한 폭군을
가리킨다.

엄격한 전통주의가 타당시된 시대에는 새로운 질서, 다시 말해 "새롭다"고 **간주되는** 그러한 질서는 다음과 같은 방식으로만 탄생할 수 있었다. 즉 이 새로운 질서는 사실은 예전부터 타당했지만, 여전히 올바르게 인식되지 못했거나 아니면 한동안 묻혀 있다가 이제 다시 발견된 것으로 취급하는 방식으로만 탄생할 수 있었다.

(3) 가치합리적 타당성의 가장 순수한 유형은 "자연법"을 통해 나타난다. 비록 자연법은 그 이상적인 요구에 비하면 언제나 영향력이 제한되어 있었지만, 그럼에도 불구하고 논리적으로 추론된 자연법의 명제들이 실제로 인간 행위에 결코 적지 않은 영향을 미쳤다는 사실은 부인할 수 없다. 그리고 이 명제들은 계시된 법이나 제정된 법뿐만 아니라 전통법〔관습법〕과도 구분되어야 한다.

(4) 오늘날 가장 잘 알려진 정당성 형태는 **합법성**에 대한 믿음이다. 이것은 **형식상** 정확하게 또 통상적인 형태로 성립된 제정법에 대한 복종이다. 이때 협정을 통해 성립된 질서와 강요된 질서 간의 차이는 상대적일 뿐이다. 왜냐하면 협정된 질서라 하더라도 그 타당성이 만장일치의 합의에 의거하는 것은 아니기 때문이다(과거에는 그러한 만장일치의 합의가 흔히 진정한 정당성을 얻는 데 필요하다고 간주되었지만 말이다). 만일 그 타당성이 한 인간 집단 안에서 다수자로부터 이탈하려는 소수자의 실제적인 복종에 의거한다면(이러한 경우가 아주 흔하다), 그렇다면 실제로는 소수자에 대한 강요가 있는 것이다. 한편 폭

력적이거나 무자비하며 목적 의식이 강한 소수자가 질서를 강요한 끝에, 처음에는 반대하던 사람들도 그 질서를 정당하다고 여기는 경우도 매우 흔하다. "투표"가 질서의 창조나 변경의 수단으로 합법적인 한, 소수의 의지가 외형상 다수의 지지를 얻어 다수가 그 의지에 복종하는 것 또한 매우 흔한 일이다. 따라서 다수 득표에 의한 승리는 허상에 불과하다. 협정된 질서의 합법성에 대한 믿음은 아주 오래된 것으로 때로는 소위 원시민족들에게서도 찾아볼 수 있다. 그렇지만 이 경우에는 합법성에 대한 믿음이 거의 언제나 신탁의 권위를 통해 보완된다.

(5) 질서의 강요에 대해서 개개인이나 다수가 복종하는 것의 전제조건은—만약 단순한 공포나 목적합리적인 동기가 그 결정적인 요인이 아니라 합법성 관념이 존재한다면—단수 또는 복수의 강요자들이 부과하는 **지배**권력이 어떤 의미에서든 정당하다는 믿음이다. 따라서 이 점에 대해서는 따로 다룰 것이다(아래 §13, §16 그리고 제3장[31]을 보라).

(6) 대체로 질서에의 복종은 지극히 다양한 종류의 이해관계 상황에 따른 것 이외에도 전통에의 속박과 합법성 관념의 혼합에 기인하는데, 이것은 질서가 완전히 새로운 제정법이 아닌 한에서이다. 물론

---

31 《경제와 사회》제3장 〈지배의 유형〉.

복종하는 행위자들이 매우 많은 경우, 그 질서가 관습인지, 인습인지 또는 법인지를 의식조차 하지 못한다. 이때 사회학은 타당성의 전형적인 성격을 탐구해야 한다.

§8
투쟁 개념

투쟁이란 하나의 사회적 관계이다. 이 사회적 관계에서는 한 명 또는 여러 명인 상대방의 저항에 맞서 자신의 의지를 관철하겠다는 의도에 따라 행위를 한다. "평화적인" 투쟁수단이란 실제로 물리적 폭력을 동반하지 않는 것을 말한다. "평화적인" 투쟁을 "경쟁"이라고 부를 수 있는 경우는, 기회(이 기회는 다른 사람들도 원하는 것이다)에 대해 자신의 처분권을 얻기 위한 투쟁이 형식상 평화적으로 겨루는 형태를 띨 때이다. 경쟁을 "규제된 경쟁"이라고 부를 수 있는 경우는, 그 경쟁이 목적과 수단 안에서 어떤 질서에 따라 진행되는 한에서이다. 개개인 또는 특정 유형의 사람들이 의식적인 투쟁의도 없이 생활기회나 생존기회를 둘러싸고 서로에 대해서 벌이는 (잠재적인) 생존투쟁은 "도태〔선택〕"라고 부를 수 있다. 생존투쟁이 살아 있는 인간들의 기회를 둘러싸고 진행된다면, 그 투쟁은 "사회적 도태"라고 부를 수 있다. 그리고 생존투쟁이 유전형질의 생존기회를 둘러싸고 진행된다면, 그 투쟁은 "생물학적 도태"라고 부를 수 있다.

(1) 투쟁규칙에 얽매이는 것을 거부하며 상대방의 생명을 빼앗기 위해 벌이는 유혈투쟁, 인습적인 규칙에 따르는 기사단 전투(퐁트노이Fontenoy 전투[32]가 벌어지기 전 프랑스 전령관의 외침: "영국인들이여, 먼저 사격하시오."), 규칙에 따라 하는 시합(스포츠), 한 여성의 호의를 얻으려는 구애자들 간 규칙 없는 "경쟁", 교환기회를 둘러싸고 시장질서에 따라 벌어지는 경쟁적 투쟁, 규정에 따른 예술 "경쟁" 또는 "선거전" 등, 이 모든 투쟁 간에는 지극히 다양한 종류의 빈틈없는 이행형태들이 존재한다. [비]폭력 투쟁을 개념상 따로 분리하는 것이 정당화되는 이유는 이 투쟁의 통상적인 수단의 특성과 이 특성이 투쟁 발생의 사회학적 결과에 부여하는 특수성 때문이다(제2장[33]과 그 이하를 보라).

(2) 전형적으로 또 대량으로 발생하는 모든 투쟁과 경쟁은 그토록 많은 결정적인 우연과 운명적인 사건에도 불구하고, 길게 보면 결국

---

32 오스트리아 왕위 계승 전쟁(1740~1748)의 일환으로 1745년 5월 11일 오늘날 벨기에인 오스트리아령 네덜란드에 있는 퐁트노이 근교에서 벌어진 전투이다. 이 전투에서 프랑스군은 영국, 네덜란드, 하노버의 동맹군을 격파했다.
33 《경제와 사회》 제2장 〈경제행위의 사회학적 기본범주〉.

다음과 같은 사람들을 "선택"하게 된다. 그들은 투쟁에서 승리하는 데 평균적으로 중요한 개인적 자질을 더 많이 소유한 사람들이다. 그렇다면 자질이란 어떤 것인가? 더 많은 육체적인 힘인가 아니면 뻔뻔스러운 교활함인가, 더 강력한 정신적인 실행력인가 아니면 풍부한 성량과 선동기술인가, 상관을 향한 충성심인가 아니면 대중에게 아첨하는 능력인가, 더 많은 독창적인 능력인가 아니면 더 많은 사회적 적응력인가, 비상하다고 간주되는 자질인가 아니면 대중의 평균을 넘지 않는다고 간주되는 그런 자질인가? 이러한 자질을 결정하는 것은 투쟁조건과 경쟁조건이다. 그런데 생각할 수 있는 모든 개인과 대중의 자질 이외에, 투쟁할 때 행동의 바탕이 되는 질서들도 이 투쟁조건과 경쟁조건에 속한다. 그 행동이 전통적이든 가치합리적이든 목적합리적이든 상관없다. 그리고 그 **각각**의 질서는 사회적 도태의 개연성에 영향을 미친다. **모든** 사회적 도태가 우리가 말하는 의미에서의 "투쟁"은 아니다. 오히려 "사회적 도태"란 우선 다음과 같은 것만을 의미할 뿐이다. 즉 특정한 유형의 행동과 (경우에 따라서는) 특정한 유형의 개인적인 자질이 어떤 특정한 사회적 관계("애인", "남편", "국회의원", "관료", "현장 감독", "사장", "성공한 기업가")에서 승리하는 데 유리하다는 것이다. 이처럼 사회적으로 유리한 기회가 "투쟁"을 통해 실현되는지, 더 나아가 사회적으로 유리한 이 기회가 그 유형의 생물학적 "생존가능성"을 개선하는지 아니면 그 정반대인지에 대해서 "사회적 도태"라는 개념 자체는 아무것도 말해주지 않는다.

실제로 **경쟁**이 일어나는 곳에서만 우리는 "투쟁"에 대해 말하고자 한다. 지금까지의 모든 경험에 의하면 "도태"라는 의미에서만 보더라도 투쟁은 사실상 불가피하며, **생물학적** 의미에서만 보더라도 투쟁은 **원칙적으로** 불가피하다. 도태가 "영원한" 이유는 그것을 완전히 배제할 수단을 생각해낼 수 없기 때문이다. 가장 엄격하게 지켜야 할 평화주의 질서라도 언제나 투쟁수단, 투쟁대상, 투쟁방향 중 특정한 것을 배제하는 방식으로 이것들을 조정할 수 있을 뿐이다. 이것이 의미하는 바는 다음과 같다. 즉 **다른** 투쟁수단들이 (개방된) 경쟁에서 승리로 이끌거나 아니면 — 이 경쟁마저 배제되었다고 생각한다면 (이것은 유토피아에서나 이론상으로만 가능하지만) — 여전히 생활기회나 생존기회를 둘러싸고 벌어지는 (잠재적인) 도태에서 승리로 이끌 뿐만 아니라, 그 **다른** 투쟁수단들은 또한 유전형질로든 교육의 산물로든 이 수단들을 마음대로 사용할 수 있는 사람들을 유리하게 도와준다는 것이다. 사회적 도태는 투쟁을 제거할 수 없는 장벽을 경험적으로 만드는 반면에, 생물학적 도태는 그 장벽을 원칙적으로 만든다.

(3) 사회적 **관계**의 "투쟁"과 "도태"는 당연히 개인이 생활기회와 생존기회를 얻기 위한 투쟁과 구분되어야 한다. 사회적 관계에서는 투쟁과 도태라는 개념들을 단지 비유적인 의미로만 사용할 수 있다. 왜냐하면 "관계들"은 특정한 의미내용을 지닌 인간 **행위**로만 **존재**하기 때문이다. 따라서 관계들 간 "도태"나 "투쟁"은 다음과 같은 것을 의미한다. 즉 특정한 종류의 행위가 시간이 지나면서 — 동일한 사람이나 다른 사람들의 — 다른 종류의 행위에 의해 **쫓겨난다**는 것을 의

미한다. 이런 일은 여러 **방식**으로 일어날 수 있다.

① 인간의 행위는 다음과 같은 것들을 **의식적으로** 목표로 삼을 수 있다. 즉 특정한 구체적인 사회적 관계나 특정한 성격의 일반적인 사회적 관계, 달리 말하면 이러한 사회적 관계의 의미내용과 일치해서 진행되는 **행위를 방해**하거나 아니면 그 행위의 발생이나 존속을 저지하는 것("국가"를 전쟁이나 혁명을 통해 어지럽히거나, "반란"을 유혈진압을 통해 저지하거나, "축첩"을 경찰의 조치를 통해 막거나, "폭리를 취하는" 사업관계를 법적 보호의 거부와 처벌을 통해 막는 것)을 목표로 삼을 수 있다. 또는 어떤 범주의 행위의 존속은 우대하고 다른 범주의 행위는 불리하게 해서 의식적으로 행위에 영향을 미치는 것을 목표로 삼을 수 있다. 한 개인뿐만 아니라 서로 연대한 개인들도 그러한 목표를 설정할 수 있다.

② 그러나 또한 다음과 같은 사실 역시 사회적 행위의 진행과 이에 대해 결정적으로 작용하는 갖가지 종류의 조건들의 의도하지 않은 부산물일 수 있다. 즉 특정한 구체적인 관계나 특정한 성격의 관계(즉 항상 그것에 해당되는 **행위**)가 계속 존속하거나 새로 발생할 개연성이 점점 줄어드는 것도 조건들의 의도하지 않은 부산물일 수 있다. 모든 종류의 자연조건과 문화조건은 변화가 일어날 경우 지극히 다양한 종류의 사회적 관계가 존속할 개연성에 어떤 방식으로든 변화를 가져온다. ("더 잘 적응한 자"라는 의미에서의) "더 강한 자"가 승리하는 경우에도 사회적 관계—예를 들면 국가단체—의 "도태"에 대해 말하는 것은 누구나의 자유재량에 맡겨져 있다. 다만 소위 이 "도태"

가 사회적인 의미에서든 생물학적 의미에서든 인간**유형들**의 도태와
는 아무 관계없다는 점을 확실히 해야 한다. 그리고 어떤 **이유** 때문
에 사회적 행위와 사회적 관계가 이런저런 형태를 취할 개연성이 변
하게 되었는지, 또는 어떤 **이유** 때문에 한 사회적 관계가 파괴되었
는지, 또는 어떤 이유 때문에 한 사회적 관계가 다른 사회적 관계보
다 더 오래 존속하게 되었는지를 모든 개별적인 경우마다 물어보아
야 한다는 점도 확실히 해야 한다. 또한 그 이유들이 매우 다양하기
때문에 이것들에 대한 하나의 통일된 표현은 부적절한 것 같다는 점
역시 확실히 해야 한다. 이와 관련해서는 언제나 다음과 같은 위험이
따른다. 즉 통제되지 않은 가치판단을 경험적 연구에 가지고 올 위험
이 있으며, 무엇보다도 구체적인 경우에서 종종 순전히 개별적인 원
인에 따른 **성공**, 따라서 그런 의미에서 "우연적인" **성공**을 옹호할 위
험이 있다. 최근 몇 년간 또 지금도 그런 식의 논의들이 너무 많다. 이
런 논의들은 문제가 있다. (구체적인 또는 그 성질이 분명한) 한 사회적
관계가 종종 순전히 구체적인 원인에 의해 배제되었다는 사실 자체
는 결코 그 관계의 **일반적인** "적응도"가 낮다는 증거가 될 수 없기 때
문이다.

§9

공동체적 결합과
이익사회적 결합

한 사회적 관계를 "공동체적 결합"이라고 부를 수 있는 경우는 사회적 행위가—특수한 경우에서든 평균적으로든 또는 순수 유형에서든—참여자들이 주관적으로 **느끼는** (정서적인 또는 전통적인) **공속성**Zusammengehörigkeit에 기초해서 이루어질 때이며 또 그러한 한에서이다.

한 사회적 관계를 "이익사회적 결합"이라고 부를 수 있는 경우는 사회적 행위가 합리적으로 (가치합리적으로든 목적합리적으로든) 동기유발된 이해관계 **제휴**에 기초해서 행해질 때이며 또 그러한 한에서이다. 이익사회적 결합은 전형적으로 특히 상호동의를 통한 합리적인 약속에 기초할 수 있다(그러나 이것에만 기초하는 것은 아니다). 이때 이익사회적 결합 행위는 합리성을 지닐 경우 ① 가치합리적으로는 자신의 의무에 대한 믿음에 맞춰 행해지며, ② 목적합리적으로는 상대방의 성실성에 대한 기대에 맞춰 행해진다.

(1) 위 용어는 퇴니에스가 그의 주요 저작《공동체와 이익사회》에서 수행한 구분을 연상시킨다. 그러나 퇴니에스는 자신의 목적을 위해 이 구분에 곧바로 여기서 우리의 목적에 유용한 것보다 본질적으로 더 특수한 내용을 부여했다. **이익사회적 결합**의 가장 순수한 유형들은 ① 시장에서 이루어지는 **교환**이다. 이것은 엄격하게 목적합리적이고 자유롭게 계약한 교환이다. 이 교환은 서로 대립되지만 상호보완적인 이해관계를 지닌 당사자들이 그때마다 도달한 타협이다. ② 자유롭게 계약을 맺은 순수한 **목적단체**, 즉 그 의도와 수단에서 순전히 구성원들의 실용적인 (경제적인 또는 그 밖의) 이익 추구를 목표로 지속적으로 행동하겠다고 합의한 단체이다. ③ 가치합리적인 동기에 기초한 **신념**단체이다. 합리적인 종파가 그런 경우이다. 그 종파가 감정이나 정서상의 이익의 보존은 도외시하고 단지 "일"에만 헌신하는 한에서 말이다(물론 이것은 특별한 경우에만 완전히 순수한 유형으로 일어난다).

(2) **공동체적 결합**은 모든 종류의 정서적, 감정적 또는 전통적 토대에 기초할 수 있다. 종교적인 형제교회, 애정관계, 숭배관계, "민족" 공동체, 전우애로 뭉친 군대가 그런 경우이다. 가족 공동체야말로 이러한 유형을 가장 잘 나타낸다. 그러나 대부분 사회적 관계는 **한편으**

로는 공농체석 결합의 성격을, **다른 한편으로는** 이익사회적 결합의 성격을 갖고 있다. 아무리 목적합리적이고 냉정한 정신에서 이루어졌으며 목적을 지닌 사회적 관계(예를 들면 고객관계)라 하더라도, 그 관계는 의도한 목적을 벗어난 감정가치를 만들어낼 **수 있다**. 실제적인 목적단체 행위를 넘어서 오랫동안 지속되고 또한 동일한 사람들 사이에 사회적 관계를 만들어내며, 처음부터 실용적인 개별 성과에 국한되지 않는 이익사회적 결합은—가령 같은 병영, 학급, 사무실, 작업장에서의 이익사회적 결합처럼—어쨌든 그런 경향이 있다. 물론 그 정도는 지극히 다양하다. 통상적인 의미에서 공동체적 결속인 사회적 관계도 그와는 반대로 모든 참여자나 몇몇 참여자에 의해 전체적으로든 부분적으로든 목적합리성을 지닌 관계로 바뀔 수 있다. 예를 들어 가족 집단을 그 참여자들이 얼마나 "공동체"로 느끼는지 아니면 얼마나 "이익사회적 결합"으로 이용하는지는 경우에 따라 매우 다르다. 여기서는 "공동체적 결합" 개념이 의도적으로 아주 일반적으로 정의되었으며, 그 개념은 매우 이질적인 사정들을 포함하고 있다.

(3) 공동체적 결합은 의미상 보통은 **"투쟁"**과는 가장 반대되는 현상으로 간주된다. 그렇다고 해서 다음과 같은 점을 간과해서는 안 된다. 즉 가장 친밀한 공동체 안에서도 마음씨가 온순한 자들에게 온갖 종류의 억압이 아주 통상적으로 행해지는 것은 사실이며, 또한 다른 곳과 마찬가지로 공동체 안에서도 유형들의 "도태"가 일어나는

데, 이 "도태"에 의해서 생활기회와 생존기회의 차이가 생겨난다는 것이다. 한편, 이익사회적 결합은 **단지** 서로 충돌하는 이해관계들 간의 타협에 불과할 때가 매우 흔하다. 이 타협은 투쟁대상이나 투쟁수단의 한 **부분만**을 배제할 뿐(또는 배제하려고 시도할 뿐), 그 밖에 이해관계의 대립 자체와 기회를 얻으려는 **경쟁**은 그대로 존속시킨다. "투쟁"과 공동체는 상대적인 개념이다. 투쟁은 수단(폭력적이든 "평화적"이든)에서나 그 수단 사용의 무자비성에 있어서나 정말 매우 다양한 방식으로 형성된다. 그리고 이미 언급한 것처럼, 사회적 행위의 모든 질서는―그 질서의 성격이 어떻든 간에―생활기회를 둘러싼 다양한 인간유형들 간의 경쟁에서 순전히 실제적인 **도태**를 어떻게든 존속시킨다.

(4) 자질, 상황 또는 행동이 공통이라고 해서 모두가 공동체적 결합인 것은 결코 아니다. 예컨대 "인종"의 특징으로 간주되는 그런 생물학적 유전형질의 공통성 자체가 물론 이런 특징을 지닌 자들의 공동체적 결합을 의미하는 것은 결코 아니다. 이런 특징을 지닌 자들은 주위 세계로부터 교류와 통혼의 제한을 받아 하나의 동질적인―이 주위 세계에 대해서 고립된―상황에 이를 수 있다. 그러나 그들이 그런 상황에 매우 비슷하게 반응하더라도, 이것은 아직 공동체적 결합이 아니다. 그리고 공동의 사정과 그 결과에 대한 단순한 "감정" 역시 아직은 공동체적 결합을 만들어내지 못한다. 그들이 이러한 감정을 근거로 자신들의 행동을 어떻게든 **서로 맞출** 때 비로소 그들 간

에는 하나의 사회적 관계가 생겨난다(주위 세계에 대한 그들의 행동만 생겨나는 것이 아니다). 그리고 이 사회적 관계가 실제로 느끼는 공속성을 분명히 보여줄 때 비로소 "공동체"가 생겨난다. 예를 들면 유대인들에게는 이러한 일이—시온주의[34]를 지향하는 집단과 유대인의 이익을 위해 결합한 그 밖의 몇몇 이익사회적 결사체의 행동을 제외하면—상대적으로 매우 적은 정도로만 있으며, 그들이 바로 거부하는 경우도 자주 있다. 언어의 공통성은 가족과 이웃, 주위 세계로부터의 동질적인 전통에 의해 만들어지는데, 상호이해와 모든 사회적 관계의 형성을 최고도로 용이하게 해준다. 그러나 이 언어의 공통성 자체가 아직은 공동체적 결합을 의미하지 않는다. 그것은 단지 해당 집단들 안에서의 교류, 말하자면 이익사회적 결사체의 발생을 용이하게 할 뿐이다. 우선은 개인들 사이에서, 그것도 같은 언어 사용자로서의 특성을 지닌 개인들 사이에서가 **아니라** 다른 종류의 이해관계 당사자로서의 특성을 지닌 **개인들** 사이에서 그렇다. 다시 말하면 공통 언어의 규칙을 기준으로 삼는 것은 일차적으로 의사소통의 수단일 뿐이지 사회적 관계의 의미내용이 아니다. 언어 공동체에 참여하는 자들에게는 제3자에 대한 의식적인 대립이 발생해야 비로소 공동체감정과 이익사회적 결합(공통 언어가 이것의 의식적인 존재근거이다)이라는

---

34 시온주의Zionismus: 팔레스타인 지역에 유대인 국가를 건설하는 것이 목적인 민족주의 운동. 시온은 예루살렘과 이스라엘을 가리키는 말이다.

동질적인 상황이 생겨날 수 있다. "시장"(이 개념에 대해서는 제2장[35]을 보라)에의 참여는 또 다른 성질을 지닌다. 시장에의 참여는 개별적인 교환 당사자들 간에 이익사회적 결합을 발생시킬 뿐만 아니라 교환 신청자들 간에 하나의 사회적 관계(무엇보다도 "경쟁")도 생겨나게 한다. 따라서 이들은 자신들의 행동을 서로 간에 맞추지 않으면 안 된다. 그러나 이를 벗어나서 이익사회적 결합이 생겨나는 경우는 단지 몇몇 참여자가 성공적인 가격 투쟁을 위해 합의하거나, 아니면 그들 모두가 상거래의 조절과 안전을 위해 합의하는 한에서 만이다(그 밖에 시장과 이것에 기초한 유통 경제는 노골적인 **이해관계 상황**을 통해 참여자들의 행위에 상호 영향을 미치는 경제유형 중 가장 중요한데, 이것은 근대 경제의 특징이다.)

---

35 《경제와 사회》제2장 〈경제행위의 사회학적 기본범주〉.

§10

개방적 관계와
폐쇄적 관계

(공동체적 결합이든 이익사회적 결합이든 간에) 사회적 관계가 대외적으로 다음과 같은 경우 "개방적"이라고 말할 수 있다. 즉 사회적 행위가 구성하는 그 관계의 의미내용에 맞춰서 상호적인 사회적 행위가 이루어지는 경우, 이 행위에 실제로 참여할 상황에 있거나 참여할 의사가 있는 사람이면 누구에게나 그 관계의 유효한 질서에 따라 참여가 허용될 때 또 그런 한에서이다. 이에 반해 사회적 관계의 의미내용이나 그 관계의 유효한 질서가 참여를 배제하거나 제한할 때 또는 참여 조건을 붙일 때 또 그렇게 하는 정도만큼, 그 사회적 관계는 대외적으로 "폐쇄적"이라고 말할 수 있다. 개방과 폐쇄는 전통이나 정서에 의해서도 일어날 수 있고, 또는 가치합리성이나 목적합리성에 의해서도 일어날 수 있다. **합리적** 봉쇄는 특히 다음과 같은 사정

에 의해 일어날 수 있다. 즉 사회적 관계는 참여자들에게 내적 또는 외적인 이익 충족의 기회를 열어줄 수 있다. 목적에 따라서든 성과에 따라서든, 연대 행위를 통해서든 이해 조정을 통해서든 말이다. 만약 참여자들이 그 질서의 보급에서 그들 자신의 기회 향상―그 정도, 종류, 확실성이나 가치의 향상―을 기대한다면, 그들은 개방에 관심을 갖는다. 반대로 그 질서의 독점에서 그들 자신의 기회 향상을 기대한다면, 그들은 **대외적인** 폐쇄에 관심을 갖는다.

폐쇄적인 사회적 관계는 독점기회를 참여자들에게 ① 무상으로 보장할 수 있으며, 또는 ② 독점기회의 정도와 종류를 규정하거나 할당하는 방식으로 보장할 수 있으며, 또는 ③ 개개인에게나 이들 집단에게 지속적으로 그리고 비교적이든 완전히든 빼앗기지 않고 독차지하게끔 해주는 방식으로 보장할 수 있다(대내적인 폐쇄). 여기서 독차지하는 기회는 "권리"라고 부를 수 있다. 독차지하는 것〔전유〕[36]은 규정에 따라 다음과 같이 일어날 수 있다. α. 특정한 공동체와 이익단체―예를 들면 가구 공동체―의 참여자들에게 부여될 수 있다. 또는 β. 개인에게 부여될 수 있는데, 이 경우에는 ① 순전히 본인에게만 부여되거나, 아니면 ② 본인이 죽을 경우 지금까지 기회를 누린 그 본인과 사회적 관계나 출생(친척관계)을 통해 연고가 있는 단수 또는 복수의 사람들이 차지할 기회를 얻거나, 또는 그 본인이 지정한 다른

---

36 Appropriation을 번역한 것으로, 문맥에 따라서 '전유專有' 또는 '독차지하다'로 번역하였다.

사람들이 차지할 기회를 얻는다(세습 전유). γ. 끝으로, 독차지하는 것은 다음과 같이 일어날 수 있다. 향유자가 그 기회를 ① 특정한 사람들에게 양도할 수 있거나, 또는 ② 임의의 다른 사람들에게 어느 정도 자유롭게 양도할 수 있다(양도 전유). 어떤 폐쇄적인 관계에 참여하는 자는 **구성원**이라고 부를 수 있다. 그러나 만약 참여가 법으로 규제되고, 이 규제에 의해 참여자가 독차지할 기회를 얻게 된다면, 그 참여자는 **법적 구성원**이라고 부를 수 있다. 상속을 통해 개인 또는 상속 공동체나 상속단체가 차지한 기회는 (개인의 또는 해당 공동체나 단체의) **소유권**이라고 부를 수 있다. 그리고 차지한 기회를 양도할 수 있는 경우 **자유소유권**이라고 부를 수 있다.

위와 같은 상황들에 대해 "힘들여" 정의를 내리는 일이 아무 소용없어 보이는 것은, 우리가 (직관적으로 익숙하기 때문에) 바로 "자명한 것"은 매우 소홀히 "사고하는" 경향이 있다는 하나의 예이다.

(1) ① 예를 들면 공동체에의 소속이 가족관계에 기초할 때, 그 공동체는 전통적으로 폐쇄적인 것이 예사이다.

② 개인적인 감정관계(예를 들면 에로틱한 관계나 충성관계)는 정서적으로 폐쇄적인 것이 예사이다.

③ 엄격한 신앙 공동체는 가치합리적으로 (비교적) 폐쇄적인 것이 예사이다.

④ 독점적인 성격이나 금권주의적 성격을 지닌 경제단체는 전형적으로 목적합리성에 따라 폐쇄적이다.

몇 가지 예를 임의로 들어보겠다.

실제 언어결사체의 개방이나 폐쇄는 그 의미내용에 달려 있다(대화는 은밀한 속내 이야기나 사업상의 보고와 다르다). 시장관계는 적어도 많은 경우 우선은 개방적인 것이 예사이다. 수많은 공동체적 결합과 이익사회적 결합에서 우리는 확장과 폐쇄 간의 **교대**를 관찰할 수 있다. 예를 들면 고대와 중세의 동업자조합이나 민주도시에서 그러한 현상을 볼 수 있다. 이 경우 그 구성원들은 때때로 권력을 통해 자신들의 기회를 확보하기 위해 구성원을 최대한 늘리려고 했으며, 또 어떤 때에는 자신들의 독점 가치를 위해 구성원 수를 제한하려고 했다. 수도사 공동체와 종파에서도 이러한 현상을 드물지 않게 관찰할 수 있다. 이들은 윤리적 기준을 높이 유지하기 위해서나 물질적인 이유에서도 종교 전파에서 폐쇄로 넘어갔다. 판매 증대를 위한 시장의 확대와 시장의 독점 제한도 마찬가지로 병존한다. 언어의 전파는 오늘날 출판업자와 저술가의 이해관계의 정상적인 결과로 나타나는데, 이것은 과거에 드물지 않았던 신분적으로 폐쇄된 언어나 은어와는 대조적인 현상이다.

(2) 규제 및 대외적인 폐쇄의 정도와 수단은 매우 다양할 수 있다. 따라서 개방에서 규제와 폐쇄로의 이행은 점진적이다. 즉 성과에 따른 허가와 수련기, 조건부로 구매될 수 있는 회원 지분의 획득, 모든 가입 허가에 대한 비밀투표, 출생(세습)에 따른 소속이나 허가, 특정한 사업에 누구나 자유롭게 참여하는 것에 따른 소속이나 허가, 또

는—폐쇄와 대내적인 독차지의 경우—독자지한 권리의 획득에 따른 소속이나 허가 그리고 참여 조건의 지극히 다양한 단계들이 있다. 따라서 "규제"와 대외적인 "폐쇄"는 상대적인 개념들이다. 고급 클럽, 입장권이 있어야 들어갈 수 있는 연극 공연, 홍보를 위한 정당 집회, 자유롭게 참여할 수 있는 예배, 종파의 예배, 비밀결사단의 비밀 종교의식 사이에는 상상할 수 있는 온갖 이행형태가 존재한다.

(3) 대내적인—참여자 자신들 사이에서 그러므로 이들 상호 간 관계에서—폐쇄도 마찬가지로 지극히 다양한 형태를 띨 수 있다. 예를 들면 대외적으로 폐쇄된 카스트, 길드 또는 증권거래소는 그 구성원들에게 모든 독점기회를 얻기 위한 서로 간의 자유경쟁을 허용하거나, 아니면 개개의 구성원을 특정한 기회로 엄격하게 제한할 수 있다. 예컨대 고객관계나 사업대상을 구성원에게 평생 동안 또는 (특히 인도처럼) 세습적이고 양도할 수 있게끔 독차지하게 하는 식으로 제한할 수 있다. 대외적으로 폐쇄된 촌락 공동체는 그 구성원에게 토지의 자유로운 이용을 승인하며 보장해줄 수도 있고, 아니면 개별 가구에 엄격하게 지정된 할당량만을 승인하며 보장해줄 수도 있다. 대외적으로 폐쇄된 취락 집단은 토지의 자유이용이나 지속적으로 차지하는 고정된 농지지분을 승인하며 보장해줄 수 있다. 이 모든 것에는 온갖 종류의 이행형태와 중간 단계들이 있다. 예컨대 역사적으로 볼 때 봉토, 봉록 및 관직에 대한 계승권의 대내적인 폐쇄와 그 직책 보유자들의 계승권 전유는 지극히 다양한 형태를 취해왔다. 마찬

가지로 일자리 계승권과 일자리 소유권도—"경영 참여 근로자 협의회"의 발전이 그 첫걸음이 **될 수 있다**(그러나 반드시 그런 것은 아니다)—클로즈드 숍closed shop[37]에서 시작해 개개의 일자리에 대한 권리(노동자 계급 대표자의 동의 없이 해고하는 것의 금지는 그 전 단계이다)로 나아갈 수 있다. 모든 세부사항은 구체적인 개별 분석이 필요하다. 지속적인 전유가 최고에 이르는 경우는 그 전유기회가 개인에게(또는 예를 들면 가구 공동체, 씨족, 가족 등과 같은 개인들의 특정한 단체에게) 다음과 같은 방식으로 보장될 때이다. ① 참여자가 죽을 경우 그 기회가 다른 특정한 사람에게 넘어가는 과정이 규약에 의해 규정되고 보장되어 있을 때이다. ② 이 기회의 소유자가 그 기회를 임의의 제3자에게 자유롭게 양도할 수 있을 때이다. 이 제3자는 **이렇게 해서** 사회적 관계의 참여자가 된다. 따라서 이 사회적 관계는 이처럼 대내적으로 완전한 전유가 이루어지는 경우, 동시에 대외적으로는 (비교적) 개방적인 관계이다(단, 사회적 관계가 다른 법적 회원들의 동의를 구성원 자격 획득의 조건으로 삼지 않는 한 말이다).

(4) 폐쇄의 동기는 다음과 같은 것일 수 있다. ① 구성원들의 자질을 지켜나가는 것, (경우에 따라서는) 이를 통해 위세를 지켜나가는

---

37 사용자가 근로자를 고용할 때 근로자가 노동조합에 가입하는 것을 고용조건으로 하는 협정. 노동자가 조합을 탈퇴하거나 제명되면 사용자는 그 노동자를 해고해야 한다.

것 그리고 위세에 따른 명예의 기회와 (경우에 따라서는) 이익의 기회를 지키는 것일 수 있다. 예: 금욕자 교단, 수도회(특히 예컨대 인도에서는 탁발승 수도회), 종파(청교도!), 전사단체, 공훈귀족단체, 그 밖의 관료단체 그리고 (예를 들어 고대의) 정치적인 시민단체, 수공업자조합. ② (소비)수요에 비해서 소비기회가 부족해지는 것일 수 있다("식량 수급 문제"): 소비독점(공유지조합이 그 원형이다). ③ 영리기회가 줄어드는 것일 수 있다("영리 폭의 문제"): 영리독점(동업자조합이나 고대의 어부단체 등이 그 원형이다). 대부분의 경우 ①의 동기는 ②나 ③과 결합되어 있다.

§11

행위의 책임 귀속.
대표관계

사회적 관계는 전통적인 질서를 따르든 제정된 질서를 따르든 간에 참여자들에게 다음과 같은 결과를 초래할 수 있다. 즉 ① 그 관계에 참여한 개개인의 특정한 종류의 행위가 모든 참여자들의 **책임이 된다**("연대 동료"). 또는 ② 특정한 참여자("대표자")의 행위가 다른 참여자들("대표된 자들")의 **책임이 된다**. 따라서 이 두 경우를 통해 생겨나는 기회와 마찬가지로 그 결과 또한 참여자들에게 이로울 수도 있고 짐이 될 수도 있다. 대표권("전권")은 현행 질서에 따라 다음과 같은 방식으로 부여될 수 있다. 즉 ① 모든 종류와 모든 정도의 대표권을 대표자가 차지할 수 있다(독자적인 전권). 그렇지 않으면 ② 그 특징에 따라 대표권이 지속적으로든 일시적으로든 배정될 수 있다. 또는 ③ 대표권이 참여자들이나 제3자의 특정한 문서를 통해 지속적으로든 일시적으로든 양도될 수 있다(규정에 따른 선권). 사회적 관계(공동체든 이익사회든 간에)가 어떤 조건에서 연대관계로 다루어지는지, 또 어떤 조건에서 대표관계로 다루어지는지에 대해서는 일반적으로 다음과 같이 말할 수밖에 없다. 즉 사회적 관계에서 참여자들의 행위가 어느 정도로 ① 폭력 투쟁을 목적으로 하는지 아니면 ② 평화적 교환을 목적으로 하는지가 무엇보다도 결정적이다. 그러나 그 밖에 먼저 개별적으로 분석해서 확인해야 할 수많은 특수 상황도 사회적 관계에서 결정적이었으며 또 결정적이다. 당연히 이러한 결과는 순전히 **이념적인** 자산〔선善〕을 평화적인 수단으로 추구하는 자들에게서 가장 적게 나타나곤 한다. 연대나 대표권의 현상은 대외적인 폐쇄성의 정도와 함께 자주 병행되지만, 항상 그런 것은 아니다.

(1) "책임 귀속"은 실제로 ① 수동적인 연대와 능동적인 연대를 의미할 수 있다. 즉 한 참여자의 행위에 대해 모든 참여자가 그와 똑같이 책임이 있다고 생각한다. 또 한편으로 모든 참여자는 한 참여자의 행위에 의해 확보된 기회를 그와 똑같이 이용할 자격을 갖는다. 책임은 정령이나 신에 대해서 있을 수 있다. 따라서 책임은 종교적인 성향을 지닐 수 있다. 아니면, 책임은 인간에 대해서 있을 수 있다. 이 경우 인습적으로는 법적 동료들을 지원할 책임과 이들에 대항할 책임이 있을 수 있거나(씨족 성원에 대한 또 씨족 성원에 의한 유혈복수, 가해자가 소속된 도시나 국가의 시민에 대한 보복 조치), 또는 법적으로 책임이 있을 수 있다(친척, 동거인, 교구민에 대한 처벌, 동거인들이나 회사원들 상호

간의, 또 이들을 위한 개인적인 채무보증). 신들에 대한 연대 역시 역사적으로 (고대 이스라엘 교구, 고대 기독교 교구, 초기 청교도 교구에서) 매우 중요한 결과를 지녔었다. ② 다른 한편으로 연대는 (최소한!) 다음과 같은 것도 의미할 수밖에 없다. 즉 전통적인 질서에 따라서든 제정된 질서에 따라서든 어느 한 폐쇄된 관계에 참여한 자들은 그 질서의 대표자가 어떤 종류의 기회이든 그 기회(특히 경제적 기회)에 대해 취한 조치를 자신들의 행동에 대해서도 **합법적인** 것으로 간주한다(한 "협회"의 "이사회"가 취한 조치의 "타당성"이나, 정치단체 또는 경제단체의 대표자가 규정에 따라 "단체의 목적"에 쓰여야 할 물적 재화에 대해 취한 조치의 "타당성"이 그 예이다).

(2) "연대"라는 사실은 전형적으로 다음과 같은 경우에 존재한다. ① 전통적인 출생 공동체나 생활 공동체(전형: 가구와 씨족). ② 자신의 폭력을 통해 독점기회를 주장하는 폐쇄적 관계(전형: 정치단체, 특히 과거에도 그러했지만 현대에도 마찬가지이며, 특히 전쟁 때에는 아주 폭넓게 그러하다). ③ 참여자들에 의해 직접 경영되는 기업의 영리 — 이익사회 관계(전형: 합명회사[38]). ④ 경우에 따라서는 노동단체(전형: 제정 러시아

---

38 합명회사合名會社: 무한책임 사원만으로 구성되는 회사로, 각 사원이 회사의 채권자에 대해 직접 책임을 지기 때문에 대외적으로 인적 신용이 중시되고, 사원의 책임강도는 내부적으로 사원 상호 간 신뢰관계를 필요로 한다. 동시에 사원의 기업 경영에 대한 참가를 강화함으로써 회사는 마치 개인기업의 공동경영과 같은 인상을 주게 되며, 사단법인이면서도 실질적으로는 조합 성격을 띤다.

의 노동자 협동조합). "대표"라는 사실은 목적협회와 규약을 정한 단체에 전형적으로 존재한다. 특히 "목적자산"[39](이에 대해서는 나중에 법사회학에서 다룰 것이다)이 축적되고 관리되는 경우에 그러하다.

(3) 대표권이 "특징"에 따라 배정된다는 것은, 예를 들면 대표권이 나이 순서대로 또는 이와 비슷한 사정에 따라 부여되는 것을 말한다.

(4) 이러한 사정의 모든 세부사항은 일반론으로는 서술될 수 없고 사회학적 개별분석을 할 때 비로소 서술될 수 있다. 여기에 속하는 가장 오래되고 가장 일반적인 사실은 **보복 조치**이다. 이것은 복수뿐만 아니라 담보물 압류의 형태도 띨 수 있다.

---

[39] 예를 들면 자동차를 구매하는 것을 목적으로 모으는 돈을 말한다. 투자자산이라고도 불린다.

§12
단체의 개념과 종류

단체란 규정에 따라 대외적으로 제한되거나 폐쇄된 사회적 관계를 말한다. 이 관계의 질서 유지는 이를 전담하도록 채용된 특정한 사람들, 즉 **지도자**와 —사정에 따라서는— **행정집행부**의 행동을 통해 보장된다. 행정집행부는 경우에 따라 보통은 대표권도 동시에 갖는다. 지휘를 관장하거나 행정집행부의 활동에 관여하는 것 —즉 "통치권"—은 ① 혼자 독차지할 수 있다. 그렇지 않으면 ② 현행 단체의 규정에 따라 특정한 사람들에게 또는 특정한 특징이나 특정한 형식에 따라 선발된 사람들에게 지속적으로나 일시적으로 혹은 특정한 경우를 위해 주어질 수 있다. "단체 행위"란 ① 통치권이나 대표권에 의해서 질서의 관철과 관련된 행정집행부 자신의 정당한 행위를 말한다. "단체 행위"는 또한 ② 그 행정집행부의 지시에 따라

통솔되는 단체 참여자들의 [단체와 관련된 (아래의 (3)을 보라)] 행위를 말한다.

(1) 단체가 공동체적 관계인지 이익사회적 관계인지는 단체 개념으로는 우선 아무런 구분을 할 수 없다. 가장, 협회의 이사진, 지배인, 군주, 대통령, 교회 수장처럼 단체 질서의 집행을 담당하는 "지도자"가 존재하면 그것으로 충분하다. 왜냐하면 이 특별한 종류의 **행위**, 즉 질서에 맞출 뿐만 아니라 그 질서의 **강요**를 목적으로 한 행위는—사회학적으로 볼 때—폐쇄된 "사회적 관계"에 실제로 중요한 하나의 새로운 특징을 추가하기 때문이다. 사실 모든 폐쇄된 공동체적 관계나 이익사회적 관계가 "단체"는 아니다. 예를 들면 에로틱한 관계나 지도자 없는 씨족 공동체는 단체가 아니다.

(2) 단체의 "존립"은 전적으로 지도자와 사정에 따라서는 행정집행부의 "존재"에 달려 있다. 좀 더 정확하게 표현하면, 일정한 사람들이 그 의미에 따라 단체 질서를 관철하기 위해 수행하는 행위가 일어날 **개연성**의 존재에 달려 있다. 즉 필요한 경우에는 그렇게 행위 할 **"준비가 된"** 사람들이 있을 **개연성**의 존재에 달려 있다. 이러한 태도가 무엇에 근거하는지는 **개념상** 우선은 아무래도 상관없다. 그 태도는 전통적, 정서적 또는 가치합리적 헌신(봉토 의무, 관직 의무, 복무 의무)에 근거하기도 하고, 아니면 목적합리적 이해관계(봉급 이해관계)에 근거하기도 한다. 따라서 행위가 상기한 방식으로 진행될 개연성이

없다면, 사회학적으로 볼 때 우리의 용어로 단체는 "존재하지" 않는다. 만약 일정한 인적**집행부**(또는 일정한 개인)가 그렇게 행위 할 개연성이 없다면, 우리가 쓰는 용어로는 단지 하나의 "사회적 관계"가 존재할 뿐이며 "단체"는 존재하지 않는다. 그러나 그러한 행위의 개연성이 존재하는 한, 자신의 행위를 해당 질서에 맞춘 **사람들이 교체된다 하더라도** 사회학적으로 볼 때 그 단체는 계속 "존재한다". (이 같은 방식으로 정의한 목적은 바로 **이러한** 사정을 즉시 포함하기 위해서이다.)

(3) ① 행정집행부 자신의 행위나 지휘하에 이루어지는 행위 이외에, 단체 질서에 맞춘 그 밖의 참여자들의 특별한 행위도 전형적으로 질서 유지를 보장하는 방향으로 진행될 수 있다(예를 들면 납세, 또는 배심원 업무나 군복무 등과 같은 모든 종류의 라이투르기leiturgie[40]적인 개인 부역). 또 ② 현행 질서에는 다음과 같은 규범들도 포함되어 있을 수 있다. 즉 단체의 참여자들이 단체 질서 유지와는 **다른** 일을 할 때 맞춰야 하는 그런 규범들 말이다(예를 들면 국가단체에서는 "사경제" 행위가 그러하다. 이 행위는 단체 질서를 강제하는 데 기여하는 것이 아니라 각 개인의 이익을 도모하는 것이므로 "민법"에 따른다). ①의 경우는 "단체와 연관된 행위", ②의 경우는 "단체에 의해 규제된 행위"라고 부를 수 있다. 행정집행부 자신의 행위와 그 밖의 이 행정집행부가 계획대로 **지휘한** 모든 단체와 연관된 행위만을 "단체 행위"라고 부를 수 있을 것이

---

40 고대 서양에서 국가에 대한 일반적인 의무를 가리키던 말이다.

다. 모든 참여자에게는, 예를 들이 국기가 "수행하는" 전쟁, 협회의 이사진이 의결하는 "청원서", 지도자가 체결하고 단체 구성원들에게 그 "효력"을 부과하고 받아들일 책임을 지우는 "조약"(§11을 보라), 더 나아가 모든 "재판"과 "행정"의 진행(§14를 보라)도 "단체 행위"가 될 것이다.

한 단체는 ① 자율적이거나 타율적일 수 있으며, ② 대표를 자율적으로 임명하거나 대표가 타율적으로 임명될 수 있다. 자율이란 타율의 경우처럼 단체의 질서가 외부 사람에 의해 제정되지 않고, 단체 구성원들이 자신들의 자격에 의거해서 (이 자격이 어떻게 생겨나든 간에) 단체의 질서를 제정하는 것을 뜻한다. 대표의 자율적 임명autokephalie이란 대표의 타율적 임명heterokephalie의 경우처럼 지도자와 단체 직원이 외부 사람들에 의해 임명되는 것이 아니라, 단체 자체의 규약에 따라 임명되는 것을 말한다(임명이 보통 어떻게 이루어지든 간에 말이다).

대표의 타율적 임명이란 예를 들면 (캐나다 중앙정부에 의한) 캐나다 주지사 임명 같은 것이다. 대표가 타율적으로 임명되는 단체도 자율적일 수 있으며, 대표를 자율적으로 임명하는 단체도 타율적일 수 있다. 하나의 단체 역시 이 두 가지 관점 모두에서 **한편으로는** 자율적일 수 있고 다른 한편으로는 타율적일 수 있다. 대표를 자율적으로 임명하는 독일 연방주들은 이 자율임명제에도 불구하고 제국의 관할 영역에 관해서는 타율적이었으며, 그 자신의 관할 영역(예를 들면 교회와 학교 문제)에 관해서는 자율적이었다. [1918년 이전의] 독일에서 엘자스로트링겐Elsaβ-Lothringen[41]은 제한된 범위에서 자율적이었지만 대표가 타율적으로 임명되었다(지사를 황제가 임명했다). 이러한 모든 사정은 또한 부분적으로 있을 수 있다. 완전히 타율적일 **뿐만 아니라** 대표도 타율적으로 임명되는 단체는(가령 군대 내의 "연대"처럼) 일반적으로 더 큰 단체의 "부분"이라고 말할 수 있을 것이다. 그러나 이것이 실제로 그러한지는 개개의 경우에서 행위의 방향을 정하는 독립성의 실제적인 **정도**에 달려 있지만, 용어상으로는 순전히 합목적성의 문제이다.

---

41 알자스로렌(프랑스 동부의 라인강 서쪽 연안 지방).

§13
단체의 질서

이익결사체의 제정된 질서는 ① 자유로운 합의를 통해 생겨날 수도 있고, 또는 ② 강요와 복종을 통해 생겨날 수도 있다. 한 단체의 통치 권력은 새로운 질서를 강요하는 데 정당한 권력을 요구할 수 있다. 한 단체의 헌법은 현존하는 통치권자들이 강요하는 권력에 대해서 단체 구성원들이 실제로 복종할 개연성이 어느 정도인지, 그 복종의 성격이 어떤 것인지 그리고 그 복종의 전제조건이 무엇인지를 나타낸다. 이 전제조건으로는 특히 현행 질서에 따른 공청회, 또는 특정 집단의 동의 아니면 단체 참여자들 중 일부의 동의를 들 수 있으며, 이 외에도 물론 지극히 다양한 조건이 있을 수 있다.

한 단체의 질서는 구성원들 이외에 특정한 **요건**을 갖춘 비구성원들에게도 강요될 수 있다. 특히 이러한 요건은 영토관계(주소지, 출생,

한 영토 안에서 일정한 행위의 수행)로 이루어질 수 있다. 이것이 "영토효력"이다. 그 질서가 원칙적으로 영토효력을 강요하는 그러한 단체를 우리는 영토단체라고 부를 수 있다. 이때 이 단체의 질서가 내부적으로도 (즉 단체 구성원들에게도) 어느 정도로 영토효력**만**을 요구하는지는 중요하지 않다(그것은 가능하고 적어도 제한된 정도로는 일어나지만 말이다).

(1) 모든 참여자의 직접적인 자유로운 동의 없이 성립된 **모든** 질서는 여기에 사용된 용어의 의미에서 강요된 것이다. 따라서 "다수결"도 마찬가지이다. 소수가 다수의 결정에 복종하기 때문이다. 이런 이유에서 다수결의 정당성은 (나중에 지배사회학과 법사회학을 보라) 오랫동안 (중세에는 신분 대표 회의에서도 그리고 현대에는 러시아의 촌락 공동체Obschtschina[42]에 이르기까지) 흔히 인정되지 않았거나 논쟁거리였다.

(2) 형식상으로는 "자유로운" 합의도 일반적으로 잘 알려져 있듯이 사실은 강요된 것인 경우가 매우 흔하다(러시아의 촌락 공동체 경우가 그렇다). 이 경우 사회학에서는 실제적인 사정만이 중요하다.

---

42 일찍이 러시아 농촌에 존재한 자치공동체로 미르mir라고도 한다. 각 농가의 호주가 책임자로 선출되었고, 조세 및 그 밖의 부과는 연대책임을 지며, 각 농가에 토지를 할당하기도 한다.

(3) 여기서 사용된 "헌법" 개념은 페르디난트 라살레Ferdinand Lassale[43]도 사용한 것이다. 이 개념은 "성문" 헌법, 대체적으로 법학적 의미의 헌법과는 일치하지 않는다. 사회학적 문제는 다만 다음과 같은 것일 뿐이다. 즉 언제, 어떤 대상에 대해, 어떤 한계 내에서 그리고—경우에 따라서는—어떤 특별한 전제조건하에서 (예를 들면 신이나 사제들의 승인 또는 선거인단의 동의 등) 단체 참여자들이 지도자에게 **복종하는지**, 또 그가 "지시를 내릴 때" (특히 질서를 강요할 때) 과연 행정집행부와 단체 행위가 그의 뜻대로 움직이는지 하는 점이다.

(4) 강요된 "영토효력"의 주된 유형을 나타내는 것은 헌법규범과 그 밖의 많은 "법규들"이다. 이것들에서는 단체 영토 안에서의 거주, 출생, 범행 장소, 계약 이행지 등이 정치단체에서 질서가 적용되는 전제조건이다(오토 폰 기르케Otto von Gierke[44]와 후고 프로이스Hugo Preuss[45]의 "영토법인체Gebietskörperschaft" 개념을 참조하라).

---

43 독일의 사회주의자이자 노동운동 지도자(1825~1864). 그의 사회주의는 헤겔의 국가관에 강한 영향을 받았으며, 다분히 관념적이고 국가주의적이어서 국가사회주의라고 불렸다.
44 독일의 법학자(1841~1921).
45 기르케의 제자로 국법학자이자 정치가(1860~1925).

§14

행정질서와
조절질서

단체 행위를 통제하는 질서는 **행정질서**라고 부를 수 있다. 다른 사회적 행위를 통제하고 이 통제에 의해 열린 기회를 행위자들에게 **보장해주는** 질서는 조절**질서**라고 부를 수 있다. 이때 한 단체가 전자의 질서만 따르는 경우 그 단체를 행정단체라고 부를 수 있고, 후자의 질서만 따르는 경우 그 단체를 조절단체라고 부를 수 있다.

(1) 물론 모든 단체의 대부분은 행정단체이면서 동시에 조절단체이다. **오로지** 조절만 하는 단체는 절대적인 자유방임의 순수한 "법치국가"로, 이런 국가는 아마도 이론적으로나 생각할 수 있을 것이다 (물론 이것은 또한 화폐제도의 조절을 순수한 사경제에 맡기는 것을 전제로 할 것이다).

(2) "단체 행위" 개념에 대해서는 §12의 (3)을 보라. "행정질서" 개념에는 행정집행부의 행동뿐만 아니라―흔히 말하는 것처럼―"단체에 대한" 구성원들의 행동에도 적용되는 모든 규칙이 포함된다. 다시 말하면 "행정질서" 개념에는 기필코 달성하고자 하는 목적에 적용되는 모든 규칙이 포함되는데, 이때 목적 달성은 단체의 질서에 의해 적극적으로 지시되고 **계획적으로** 취해진 행정집행부와 구성원들의 행위를 통해 이루어진다. 철저하게 공산주의적인 경제조직에서는 거의 **모든** 사회적 행위가 그 "행정질서" 개념에 속할 것이다. 다른 한편으로 절대적인 법치국가에서는 단지 판사, 경찰청, 배심원, 군인의 업무 그리고 입법자 및 선거인으로서의 활동만이 그 개념에 속할 것이다. 일반적으로―그러나 개별적인 경우에는 항상 그렇지는 않지만―행정질서와 조절질서의 경계는 정치단체에서 "공법"과 "사법"을 구분하는 경계와 일치한다[이에 대해 더 자세한 것은 법사회학(§1)[46]을 참조하라].

---

46 《경제와 사회》 제2부 제7장 〈법사회학〉 제1절 〈객관적인 법 영역의 분화과정Die Differenzierung der sachlichen Rechtsgebiete〉.

§15

경영과 경영단체,
협회, 공공기관

경영이란 특정한 종류의 지속적인 목적 행위를 말하며, **경영단체**
란 지속적으로 목적 행위를 하는 행정집행부를 가진 이익사회적 관
계를 말한다.

협회란 합의에 기초한 단체를 말하는데, 이 단체의 제정된 규약은
직접 가입한 참여자들에 대해서만 효력이 있다.

공공기관Anstalt이란 그 제정된 규칙들이 일정한 영향권 안에서 특
정한 특징들에 따른 모든 행위에 (비교적) 성공적으로 강요되는 단체
를 말한다.

(1) "경영" 개념에는 당연히 정치 업무, 교회 업무, 협회 업무 등의
수행도 포함된다. 목적을 지닌 지속성이라는 특성이 있는 한 그렇다.

(2) "협회"와 "공공기관"은 모두 **합리적으로** (계획적으로) 제정된 규칙을 가진 단체이다. 또는 좀 더 정확하게 표현하면: 한 단체가 합리적으로 제정된 규칙을 갖는 한, 그 단체는 협회 또는 공공기관이라고 부를 수 있다. 무엇보다 그 대표가 타율적으로 임명되는 모든 단체를 거느린 국가는 "공공기관"이며, 또한―그 규칙들이 합리적으로 제정되는 한―교회 역시 "공공기관"이다. "공공기관"의 규칙은 특정한 특징들(출생, 거주지, 특정한 관청의 이용)에 **해당되는** 모든 사람에게 적용될 것을 요구한다. 그 해당자들이―협회의 경우처럼―직접 가입을 했는지 안 했는지, 더욱이 그가 규칙을 제정하는 일에 참여했는지 안 했는지는 전혀 상관없다. 그러므로 그 규칙들은 아주 특수한 의미에서 **강요된** 규칙들이다. 공공기관은 특히 **영토단체일 수 있다**.

(3) 협회와 공공기관의 차이는 **상대적**이다. 협회의 규칙은 제3자의 이해관계에 영향을 미칠 수 있다. 이 경우 그 제3자에게 이 규칙의 효력 인정이 강요될 수 있다. 이 강요는 찬탈이나 협회 자신의 힘을 통해 이루어질 수도 있고, 합법적으로 제정된 규칙(예를 들면 주식법)을 통해 이루어질 수도 있다.

(4) 강조할 필요가 거의 없지만, "협회"와 "공공기관"이 생각할 수 있는 모든 단체 **전부**를 남김없이 포함하지는 않는다. 게다가 그것들은 단지 "양극적인" 대립 개념일 뿐이다(종교 영역에서 "종파"와 "교회"가 그러하듯 말이다).

§16
권력과 지배

권력이란 한 사회적 관계 안에서 저항이 있더라도 자신의 의지를 관철시킬 수 있는 모든 개연성을 뜻한다. 이때 그 개연성이 무엇에 근거하는지는 상관없다.

지배란 특정한 내용의 명령에 대해 일정한 사람들에게서 복종을 받을 수 있는 개연성을 말한다. **규율**이란 일정한 다수의 사람들에게 명령을 내리면 이들이 훈련된 태도에 의거해 그 **명령**에 대해 신속하면서도 자동적이고 기계적으로 복종할 개연성을 말한다.

(1) "권력" 개념은 사회학적으로 보면 무정형無定形이다. 인간의 가능한 모든 자질과 상상할 수 있는 모든 상태는 누구에게나 주어진 상황에서 자신의 의지를 관철하게 할 수 있다. 그러므로 "지배"라는

사회학적 개념은 좀 더 엄밀한 개념이어야 한나. "시배"는 단지 명령에 대해 복종을 받을 개연성을 뜻할 수 있을 뿐이다.

(2) "규율" 개념에는 무비판적이고 무저항적인 대중이 "습관적으로" 복종하는 것이 포함된다.

지배의 구성요건은 다른 사람들에게 성공적으로 명령하는 **한 사람**이 실제로 존재한다는 것과 관계있을 뿐, 행정집행부의 존재와 단체의 존재 이 둘 모두와 반드시 관계있지는 않다. 그렇지만 물론—적어도 모든 정상적인 경우에는—이 둘 중 하나와는 관계가 있다. 단체의 구성원들 자신이 현행 질서에 의해서 지배관계에 복종하는 한, 그 단체는 **지배단체**라고 부를 수 있다.

(1) 가장은 행정집행부 없이 지배한다. 자신의 요새를 통과하는 모든 대상隊商, 사람과 재화에 대해서 세금을 거두는 베두인족[47] 족장은 수시로 바뀌며, 일정하지 않은 사람들, 즉 한 단체에 소속되어 있지 않은 사람 모두를 지배한다. 단, 이들이 특정한 상황에 처하자마자 그리고 처하는 한에서 말이다. 이때 베두인족 족장은 자신의 추종자들을 이용해 그들을 지배하는데, 이 추종자들은 경우에 따라서는 족

---

47 아랍의 유목민. 아라비아 반도와 이스라엘의 네게브 지방, 이집트 시나이 반도 등 건조한 사막지대에서 생활하고 있다.

장의 행정집행부로서 강제 징수하는 데 동원된다. (행정집행부가 전혀 없는 개인의 경우에도 그러한 지배가 이론상으로는 가능하다고 생각할 수 있을 것이다.)

(2) 단체는 행정집행부의 존재로 인해 항상 어느 정도는 지배단체이다. 다만 그 개념이 상대적인 것에 불과하다. 통상적인 지배단체는 그 자체가 행정단체이기도 하다. 관리하는 방식, 관리를 담당하는 인간 집단의 성격, 관리되는 대상 그리고 지배가 통용되는 범위가 단체의 특성을 결정한다. 그러나 맨 처음의 두 구성요건은 지배의 **정당성** 기반의 성격에 아주 강력한 근거를 두고 있다(이에 대해서는 아래의 제3장[48]을 보라).

---

[48] 《경제와 사회》 제3장 〈지배의 유형〉.

§17
정치단체,
교권제단체

정치단체는 다음과 같은 경우 또 그런 한에서 지배단체라고 할 수 있다. 즉 그 단체의 존속과 규칙의 효력이 일정한 지리적 영토 안에서 행정집행부의 물리적 강제력의 사용과 위협을 통해 지속적으로 보장되는 경우 또 그런 한에서 말이다. **국가**란, 그 행정집행부가 규칙의 관철을 위해 **정당한** 물리적 강제력을 **독점**하는 데 성공할 때 그런 한에서 정치적인 **공공기관 경영체**Anstaltsbetrieb라고 할 수 있다. 사회적 행위, 특히 단체 행위도 "정치지향적"이라고 말할 수 있는 경우는 다음과 같으며 또 그런 한에서이다. 그 행위가 [비폭력적인 방식으로(아래의 (2)를 보라)] 정치단체의 지휘에 영향을 미치는 것을 목적으로 할 때, 특히 통치권을 차지하거나 아니면 통치권을 박탈해 그것을 새롭게 분배하거나 할당할 때 또 그런 한에서이다.

단체의 질서를 보장하기 위해서 구원재의 제공이나 거부를 통해 심리적 강제력(교권제적 강제력)이 사용되는 경우 또 그런 한에서, **교권제**단체는 지배단체라고 할 수 있다. 그 행정집행부가 정당한 교권제적 강제력의 **독점**을 요구할 때 또 그런 한에서, 교회는 교권제의 **공공기관 경영체**라고 할 수 있다.

(1) 정치단체에서 폭력은 유일한 행정수단도 아니며 정상적인 행정수단도 아니다. 이는 자명한 사실이다. 오히려 정치단체의 지도자들은 자신들의 목적을 관철하기 위해 대체적으로 가능한 모든 수단을 이용했다. 그러나 폭력을 사용하겠다는 협박과―경우에 따라서―폭력의 실제 사용은 정치단체의 특유한 수단이며, 다른 수단들이 실패할 때는 어디서나 최후의 수단이다. 정치단체만이 폭력을 **정당한** 수단으로 사용했고 또 사용하고 있는 것은 아니다. 씨족, 가정, 서약 공동체 그리고 중세에는 사정에 따라 모든 무기소유 자격자들도 마찬가지였다. 정치단체를 특징짓는 것은 "규칙"의 보장을 위해 폭력이 (최소한 폭력도 함께) 사용된다는 사정 **이외에**, 그 단체가 행정집행부와 규칙의 지배를 한 **영토**에 대해 주장하고 또 이 지배를 폭력으로 보장한다는 점이다. 폭력을 사용하는 단체들이 그러한 특징을 가질 때는 언제나―그 단체들이 촌락 공동체이든 심지어는 개별 가구 공동체이든 또는 동업자조합들이나 노동자 조직들의 단체("인민 대표자 회의")이든 간에―그리고 **그런 한에서** 이 단체들은 정치단체라고 해야 한다.

(2) 정치단체의 개념 정의는 그 단체 행위의 목적을 진술한다고 해서 가능한 것이 아니다("국가"의 경우도 마찬가지이다). 식량 공급에서 예술 보호에 이르기까지 정치단체들이 적당한 기회에 추구하지 **않은** 목적은 없었으며, 또한 개인의 안전보장에서 재판에 이르기까지 **모든** 정치단체들이 추구한 목적도 없었다. 따라서 우리는 단체의 "정치적" 성격을 **단지**—사정에 따라서는 목적 그 자체로까지 높여진—**수단**을 통해서만 정의할 수 있다. 이 수단은 국가에만 고유한 것은 아니지만, 국가 특유의 것이며 국가의 본질에 **없어서는 안 되는** 것이다. 그것은 바로 폭력이다. 이것은 언어관습과 전혀 일치하지 않는다. 그러나 언어관습은 엄밀하지 않으면 쓸모없다. 우리는 제국은행의 "외환정책", 협회 지도부의 "재정정책", 지역구의 "학교정책"에 대해 말하는데, 이때 이 정책〔정치〕Politik이라는 말이 의미하는 것은 특정한 구체적인 사안에 대한 계획적인 처리와 **관리**이다. 이보다 훨씬 더 특징적인 방식으로 우리는 한 사안의 "정치적인" 측면이나 의미, 또는 "정치"관료, "정치"신문, "정치"혁명, "정치"협회, "정치"당파, "정치적" 결과를 해당 인물, 해당 문제, 해당 현상의 다른 (즉 경제적, 문화적, 종교적 등의) 측면이나 성격과 구분한다. 따라서 우리가 "정치적"이라고 말할 때, 이 말이 의미하는 것은 (우리의 언어관습에 따르면) "정치"단체, 즉 국가 내에서의 지배 상태와 관계가 있다. 즉 "정치적"이라는 말은 이 지배 상태의 유지, 변동, 전복을 가져오거나 방해하거나 촉진시킬 수 있는 모든 것을 의미한다. 이에 반해 그 말은 이러한 일과는 아무 관계없는 사람들, 문제, 사건은 배제한다. 다시 말하면, 이러한 언어

관습에서도 지배의 목적은 제쳐놓고 지배라는 수단에서, 즉 국가권력이 지배를 행사하는 방식에서 공통점을 찾아볼 수 있다. 따라서 여기서 기초가 되는 정의는 단지 언어관습의 엄밀화만을 담고 있을 뿐이라고 주장할 수 있다. 그 정의는 사실상 (실제로든 경우에 따라서든 간에) 폭력이라는 특수성을 분명하게 강조하기 때문이다. 물론 언어관습은 정당하다고 간주되는 폭력 자체의 보유자뿐만 아니라, 예를 들면 정치적 단체 행위에 (분명히 **비**폭력적인 방식으로도) 영향력을 행사하려고 하는 당파와 클럽도 "정치단체"라고 부른다. 우리는 "정치**지향적인**" 이러한 종류의 사회적 행위를 진정한 "정치적" 행위(§12의 (3)에서 말하는 의미에서 정치단체 자체의 **단체** 행위)와 구분할 것이다.

(3) **국가** 개념은 근대에 이르러서야 비로소 완전히 발전되었기 때문에, 근대적인 유형에 따라서도—그러나 다시 한번 말하지만, 우리가 바로 지금 체험하는 바와 같은 가변적인 내용의 목적들은 도외시하면서—정의하는 것이 바람직하다. 현대 **국가**의 형식에서 특징은 행정질서와 법질서이다. 행정질서와 법질서는 법령을 통해 변경될 수 있는데, (마찬가지로 법령을 통해 관리되는) 행정집행부의 단체 행위는 이 법령에 따라 진행된다. 또한 이 행정질서와 법질서는—대체로 출생을 통해 단체에 소속되는—단체 구성원들에 대해서뿐만 아니라 지배영토에서 일어나는 모든 행위에 대해서도 광범위하게 (따라서 영토 공공기관답게) 효력을 요구한다. 게다가 또 하나의 특징은 오늘날 "정당한" 폭력은 국가의 질서가 허용하거나 지시하는 한에서만 존재

한다는 점이다(예를 들면 가장에게 "체벌권"을 맡기는 것. 이것은 과거에 가장이 자식이나 노예에 대해 가졌던 독자적인 — 생사여탈권도 포함된 — 폭력권의 잔재이다). 국가의 이러한 폭력 지배의 독점적인 성격은 국가의 현재 상황의 본질적인 특징일 뿐만 아니라 국가의 합리적인 "공공기관적" 성격 및 지속적인 "경영체" 성격이기도 하다.

(4) 교권제단체라는 개념에서 결정적인 특징을 이룰 수 있는 것은 약속된 구원재의 **성질** — 현세적인 것인가, 내세적인 것인가, 외적인 것인가, 내적인 것인가 — 이 아니라 그 구원재의 제공이 인간에 대한 성직자 **지배**의 기초가 될 수 있다는 사실이다. 그렇지만 "교회"라는 개념의 특징은 통례적인 (그리고 합목적적인) 언어관습에 따라서도 그 규칙과 행정집행부의 성질에서 나타나는 (비교적) 합리적인 공공기관적 성격과 경영체적 성격 그리고 독점적 지배의 요구이다. 교회라는 공공기관의 통상적인 **노력**을 보면, 그것에 알맞은 것은 교권제적 영토 지배와 (교구의) 지역 분할이다. 물론 어떤 수단을 통해 이러한 독점 주장을 강력하게 뒷받침하는가라는 질문에 대한 대답은 개개의 경우에 따라 다르다. 그러나 교회의 경우 역사적으로 볼 때 실제적인 **영토**지배권 독점은 정치단체의 경우처럼 본질적이지 않았으며, 오늘날에는 전혀 본질적이지 않다. 교회의 "공공기관적" 성격, 특히 사람들이 교회 안에서 "태어난다"(태어나면서부터 교인이 된다)는 사정은 교회를 "종파"와 구분 짓는다. 종파의 특징은 그것이 "협회"이며 종교적으로 자격이 있는 자들만을 개인적으로 받아들인다는 점에

126

있다. (더 자세한 것은 종교사회학에 속한다.)

옮긴이의 말

　이 책은 독일의 사회학자 막스 베버Max Weber(1864~1920)가 쓴《경제와 사회Wirfschaft und Gellschaft》(J. C. B. Mohr, Tübingen, 1985, 제5판) 제1부 〈사회학적 범주론〉의 제1장 〈사회학의 기초개념Soziologische Grundbegriffe〉을 번역한 것이다.

　오늘날 우리가《경제와 사회》로 알고 있는 저작은 주지하다시피 베버 자신이 생전에 출간한 것이 아니라, 베버가 죽은 후 그의 아내 마리안네 베버Marianne Weber(1870~1954)가 유고를 모아 1922년에 출판한 책이다. 그리고 제4판(1956) 이후는 뮌헨 대학 사회학 연구소의 명예교수 요하네스 빙켈만Johannes Winckelmann(1900~1985)에 의해 새로 편집되어 출간되었다.《경제와 사회》의 제1부 〈사회학적 범주론〉은 총 네 개의 장章으로 이루어져 있는데, 집필 시기는 베버 생애의 말년, 즉 1918~1920년 사이인 것으로 추정된다. 제1부의 첫 번째 장인 〈사회학의 기초개념〉은 베버가 구상한 사회학의 방법론 및 개념 논의의 마지막 완성 단계를 보여주고 있다. (제1부의 제2장은 〈경제행위의 사회학적 기초범주〉, 제3장은 〈지배의 유형〉, 제4장은 〈신분과 계급〉이다).

〈사회학의 기초개념〉은 방법론의 발전이라는 측면에서 보면, 1904년의 논문 〈사회과학과 사회정책에서 인식의 객관성〉을 비롯해 1900년대 초부터 나온 일련의 논문들(특히 1907년에 발표한 〈루돌프 슈탐러의 유물사관 '극복'R. Stammlers "Uberwinding" der materialistischen Geschichtsauffassung〉)과 맥이 닿아 있지만, 직접적인 내용면에서는 1913년의 논문 〈이해사회학의 몇 가지 범주에 대하여〉와 밀접한 관계가 있다. 흔히 범주 논문이라고 불리는 이 저작은 1913년 9월 〈로고스〉지에 발표되었는데, 베버가 이해사회학이라는 말을 처음 사용한 것으로 유명하다. 〈이해사회학의 몇 가지 범주에 대하여〉는 총 7개의 장으로 이루어져 있다: 제1장 이해사회학의 의미, 제2장 '심리학'과의 관계, 제3장 법교의학과의 관계, 제4장 '공동체행위', 제5장 '이익사회관계'와 '이익사회행위', 제6장 '합의', 제7장 '공공기관'과 단체. 제1장부터 제3장까지는 이해사회학의 방법을 다루었으며, 제4장부터 제7장까지는 범주, 즉 기초개념에 대해 논했다. 그런데 논문 발표 후, 베버는 글이 매끄럽지 못해 사람들이 이해하기 힘들어한다는 것을 곧 알아채고는 이해하기 쉽게 개념을 단순화해서 글을 새로 썼으며, 또 한편으로는 그 내용을 확대 발전시켰다. 이렇게 해서 나온 것이 바로 〈사회학의 기초개념〉이다.

〈사회학의 기초개념〉은 총 17개의 항으로 구성되어 있다. 이 논문은 맨 먼저 사회학 개념과 사회적 행위의 '의미' 개념을 제시한 다음, 사회적 행위의 규정 근거, 사회적 관계, 사회적 질서, 단체 등을 다루면서 논의의 수준을 미시 차원에서 거시 차원으로 높인다. 베버가 이러한 서술 전략을 취한 주된 이유 중 하나는 행위 하는 집합체는 존재하지 않는다는 것을 보여주기 위해서가 아니었나 하는 생각이 든다. 이 문제와 관련해서는 베버의 다음과 같은 말에 주목할 필요가 있다.

　　"만약 내가 지금 (나의 직업증명서류에 따라) 사회학자라면, 나는 본질적으로 집합 개념의 사용을 끝장내기 위해 사회학자가 된 것입니다. 우리는 아직도 집합 개념을 사용하고 있습니다. 달리 말하면, 사회학조차 오로지 한 명이나 몇 명의 또는 많은 개인들의 행위에서 출발해야 합니다. 즉 엄격하게 '개인주의적 방법'을 따라야 합니다. 예를 들면 '국가'에 대한 당신의 견해는 상당히 낡았습니다. 사회학적 의미에서는 국가란 일정한 종류의 특정한 행위, 즉 일정한 개별 인간들의 행위가 일어날 개연성에 지나지 않습니다. 그것은 다른 무엇이 아닙니다. …… 그것에 있는 '주관적인' 요소는 행위가 일정한 전제에 따라 진행된다는 것입니다. '객관적인' 요소는 우리―관찰자들―가 다음과 같은 판단을 한다는 것입니다: 그 전제에 따라서 행위가 일어날 개연성이 존재한다. 그 개연성이 존재하지 않는다면, '국가'도 존재하지 않습니다." (이것은 베버가 1920년 3월 8일 경제학자 로베르트 리프만Robert Liefmann에게 쓴 편지에서 한 말이다. Otto Stammer(ed.), 《Max Weber and Sociology today》, New York, Harper & Row, 1971, p.115, fn.2)

그런데 베버가 제시한 개념들은 그가 처음 사용한 것이 아니다. 이미 다른 학자들이 쓰고 있는 말들을 베버가 자신의 원리에 따라 새로 정비한 것이다. 이러한 사실은 제9항에서 잘 드러난다. 베버가 말하는 공동체관계Vergemeinschaftung와 이익사회관계Vergesellschaftung는 동시대의 사회학자 페르디난트 퇴니에스(1855~1935)의 용어(공동체Gemeinschaft와 이익사회Gesellschaft)를 연상시킨다. 이 경우는 퇴니에스의 실체화된 개념들을 해체해서 사회적 관계의 관점에서 재구성한 것이다.

학계에서 이미 널리 사용되고 있는 용어들을 고치거나 재정의하는 작업은 어찌 보면 불필요하고 번거로운 일일 수도 있는데, 베버는 왜 이러한 작업을 했을까? 정확성을 추구하기 위해서다. 베버에게 있어서 기초개념의 구축은 그 자체가 목적이 아니다. 그것은 어디까지나 사회학의 연구대상인 인간의 현실세계를 정확하게 분석하고 설명하기 위한 수단일 뿐이다. 수단이 좋으면 목적도 더 잘 달성할 수 있지 않겠는가? 이런 의미에서 베버는 근본적인 개념들을 손질하는 작업이 대단히 중요한 사회학 과제라고 생각했다. 그가 소위 "이해사회학"이라는 학문세계를 본격적으로 전개하기 전에 그 준비 작업으로 기본 용어들을 가다듬은 것은 바로 그러한 생각에서였다.

2017년 8월

이상률

옮긴이 이상률

고려대학교 문과대학 사회학과와 같은 대학원을 졸업하고, 프랑스 니스대학교에서 수학했다. 현재는 번역가로 활동 중이다. 주요 번역서로는 클로드 프레데릭 바스티아의 《국가는 거대한 허구다》, 가브리엘 타르드의 《모방의 법칙》, 《여론과 군중》, 표트르 크로포트킨의 《빵의 쟁취》, 막스 베버의 《도교와 유교》, 《직업으로서의 학문》, 칼 뢰비트의 《베버와 마르크스》, 로제 카이와의 《놀이와 인간》, 데이비드 리스먼의 《고독한 군중》, 세르주 모스코비치의 《군중의 시대》, 피터 L. 버거의 《사회학에의 초대》, 그랜트 매크래켄의 《문화와 소비》 등이 있다.

사회학의 기초개념

1판 1쇄 발행 2017년 9월 25일
1판 2쇄 발행 2021년 7월 10일

지은이 막스 베버 | 옮긴이 이상률
펴낸곳 (주)문예출판사 | 펴낸이 전준배
출판등록 2004. 02. 12. 제 2013-000360호 (1966. 12. 2. 제 1-134호)
주소 03992 서울시 마포구 월드컵북로 6길 30
전화 393-5681 | 팩스 393-5685
홈페이지 www.moonye.com | 블로그 blog.naver.com/imoonye
페이스북 www.facebook.com/moonyepublishing | 이메일 info@moonye.com

ISBN 978-89-310-1066-4 03300

∘ 잘못 만든 책은 구입하신 서점에서 바꿔드립니다.

❧문예출판사® 상표등록 제 40-0833187호, 제 41-0200044호